U0003850

LOCUS

LOCUS

LOCUS

LOCUS

mark

這個系列標記的是一些人、一些事件與活動。

mark 130

沒什麼事是喝一碗奶茶不能解決的⋯⋯
——我的人類學田野筆記

梁瑜　著

編輯　連翠茉
校對　呂佳真
美術　林育鋒、許慈力

出版者：大塊文化出版股份有限公司
台北市 10550 南京東路四段 25 號 11 樓
www.locuspublishing.com
讀者服務專線：0800-006689
TEL：(02) 87123898　FAX：(02) 87123897
郵撥帳號：18955675　　戶名：大塊文化出版股份有限公司
e-mail:locus@locuspublishing.com
法律顧問：董安丹律師、顧慕堯律師

總經銷：大和書報圖書股份有限公司
地址：新北市新莊區五工五路 2 號
TEL：(02) 89902588（代表號）　　FAX：(02) 22901658

初版一刷：2017 年 5 月
定價：新台幣 280 元
ISBN 978-986-213-790-1　　Printed in Taiwan

沒什麼事是喝一碗奶茶不能解決的……

mark

我的人類學田野筆記

梁瑜——著

目錄

忘了我是誰吧 017

「聽你說話，台灣來的吧？」
「台灣人到底咋想的？」
「你說，咱們中國真適合民主嗎？」

大陸尋奇和流星花園 048

「哇，他們說話真的跟《大陸尋奇》一模一樣！」
「哎呀，好像在看台灣偶像劇！」

吃啥？怎麼吃？這是個問題 078

「這是啥？」
「那是啥做的？」
「就……可樂啊！」

北京時間　新疆生活 103

「有的時候好像看得見自己恍若一只轉個不停的陀螺，
置身於一個充滿樹獺的世界——

你覺得他們慢，其實那是因為你快。」

遠行的意義 121

「他們不願意要我的車費，留下了電話讓我回北京以前通知他們一聲。
『有知識好啊，到哪裡都不害怕』，
小哥關上車門後、靠在車窗上樂呵呵的這麼對我說。」

家鄉是爲了離去而設的 139

「覺得所踩的這塊土地是屬於自己、
發生在這塊土地上的事情也都關乎自己，
這好像才是所謂故鄉真正的含義。」

月亮隱蔽的一面 160

「你看你千里迢迢從台灣來，
從台灣那一半面的月亮摔下來，摔到北京來，
你想看見的究竟是什麼？」

後記　人類學的成年禮 183

專屬於新疆的特殊街景：在烏魯木齊的解放南路上看見的「武裝甲蟲」。嚴格的安保措施覆蓋了整個新疆，去速食店、超市都需要通過安檢門，車站等人流較大的場所，隨身攜帶的行李與包包也須通過X光探測機。朋友告訴我，在新疆，連買菜刀都要登記。

在外型設計上充分滿足了觀光客凝視（tourist gaze）的新疆國際大巴扎。

一袋一塊錢人民幣的哈薩克白土，在新疆、哈薩克斯坦和其他國家地區都有著「吃土」的慣習，小孩也會將它當作一種零食。口感和味道不壞，略粉、又帶有一點韌性。

奶茶和饢的搭配是最常見也最簡單的「哈式」早餐組合，通常還會佐以各式果醬或黃油；哈薩克朋友說，最經典的粗茶淡飯就是黑茶配硬　，有奶有肉便是一頓佳餚了！

齋月期間，在二道橋街上遇見的閱讀古蘭經的老人。在齋月期間，樂善佈施是重要的功德之一，清真寺門口佈置了長桌，上頭擺著可供人們拿取食用的飲食，我不是穆斯林，不好意思靠近；悄悄地站在街角望著老人，幾位從他身邊經過的少數民族婦女彎腰在他的碗裡輕放下錢幣。

哈薩克人（包含新疆其他少數民族）喜用明亮色調，家中的茶碗、茶壺或是如此圖的奶壺，都是帶有細緻花紋及白紅綠藍紫等色彩的裝飾。

我的主要田野：新疆天山天池景區內的哈薩克民族風情園內一景。風情園中每頂氈房都挨得很近，小孩、大人之間互相串門無比方便，有的時候隔壁氈房的客人徹夜唱歌聊天，在我們所住的小鐵皮屋裡都能聽得一清二楚。

有時候我們在屋裡洗完衣服，就把衣褲掛在屋外的鐵柵欄上晾乾，頗有草原生活的風情。牧民們因爲經營旅遊業而在旺季長住於山上牧區，旅遊業這種現代化工程的腳步將他們拉回貌似傳統的生活方式中。

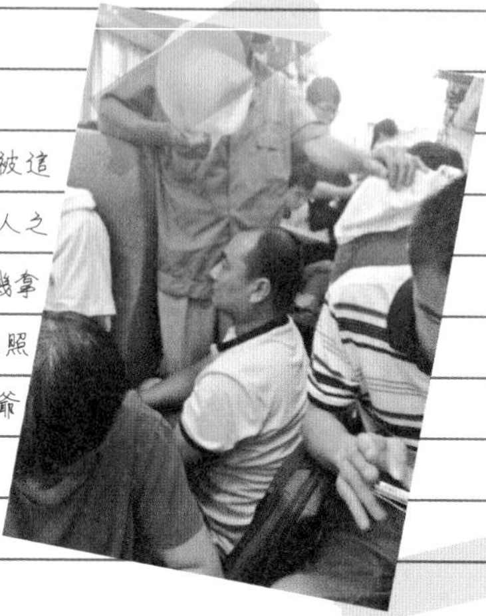

第一次坐往新疆的動車硬座就被這樣的擁擠景況震驚。因爲人與人之間靠得太近，不太好意思將手機拿起來太過瞄準別人——在這張照片背後，有位臥坐在地上的大爺正靠著我的小腿，睡得正香。

舉世無雙的阿依娜牌大盤雞。

攝於成都。在中國的街道上隨處都可看見這般「武藝高強」的送貨人，他們的武器就是一架自行車，有時是後頭勾著一個大鐵箱的三輪車，貨物堆疊的近兩人高。這個景象總讓我有種目睹了以中國盛行的網路消費主義所帶來的「低端全球化」的錯覺。

在中國特別盛行過「女生節」，又被戲稱為「女神節」，剛到北京的第一年碰到女生節，就被學校裡各院系（以男生的名義）掛出的「示愛」橫幅布條震驚了。各校各院系的女生節橫幅皆以趣味和創意取勝，還曾在網上見過北大物理系展示的女生節橫幅是：「物理、悟理、悟你」。節日當天，我們班上的男生還請客、買了蛋糕慶祝。有趣的是，女生節的日期是婦女節的前一天，將女性的社會階段分作「女生」和「婦女」的這種隱喻，也招致許多批評。

北京的胡同一角。在公園的周邊，鬆散的散佈了幾個用報紙鋪成的小攤子，一把一把的蔥和葉菜隨意放置在報紙上，顧著攤子的阿姨們扯著嗓子和另外一頭的朋友說著話，旁邊還有一位露天理髮的爺爺。最傳統的那種理髮方式：一把剃刀替你剃頭、修眉、刮鬍。這是在哪裡都可以見到的，但又專屬於北京的歲月靜好。

在北大，除了因作爲極具歷史感的學生倡議空間、張貼大字報而鼎鼎大名的「三角地」以外，在北大學生們的日常住行中，「CBD」也扮演了重要角色。CBD是學生給取的暱稱，其集中了北大學生的「商業活動」之特質而得名。

在CBD你可以充澡卡、買熱乾麵、站在屋簷下吃麻辣燙、在超市裡購買一切生活所需、上課學習需要用的材料也都在這裡的打印店複印，還有我最喜歡的哈爾濱烤冷麵的小攤子。CBD在我畢業前夕被拆除、整平，幾家原先在公告拆遷時期還「頂風作案」繼續開張的小攤子後來也應聲倒閉。

手抓羊肉和椒麻雞是新疆菜裡我的前幾名最愛。手抓羊肉的烹煮方式就是最簡單粗暴的整塊丟進水中煮，將肉悶熟後便也能得到一整鍋油膩膩香噴噴的肉湯。據哈薩克老媽媽們說，肉湯和奶茶是哈薩克人血液中最不可或缺的。吃手抓肉時，若是主人請客的場合，便一定是由男主人親自來用小刀將羊肉從大骨上取下，再將最尊貴的羊頭肉奉給尊貴的客人。若是在家裡吃肉，便可能是由家裡的長者來進行分肉的工作。

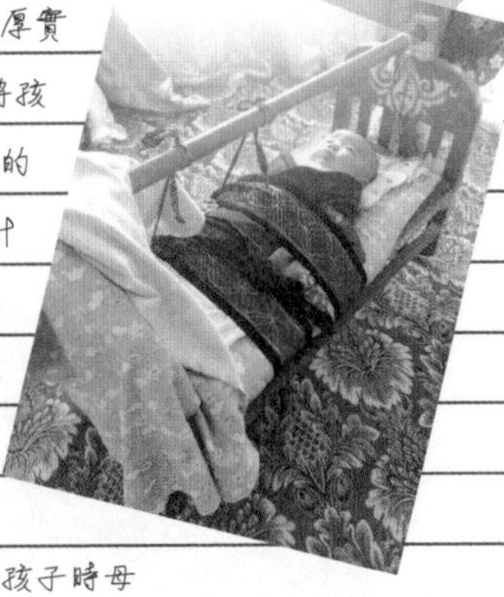

哈薩克人傳統的搖籃，是將孩子放在鋪好厚實被毯的平坦搖床上，再用棉被一層一層將孩子裹住，最後用布帛加以纏繞固定，搖床的前端掛有保平安的鷹翎。朋友說這種設計是爲了讓照護孩子的母親能夠空出手來應付家務，傳統哈薩克婦女的勞動強度很大，舉凡給牛羊擠奶、縫製氈毯、製作生活所需食品如奶疙瘩等等，因此讓孩子固定在搖床上是最爲安全的做法。照護孩子時母親們便會唱著搖籃曲，一邊輕輕地搖晃搖床。

攝於甘肅肅南。時至今日，在中國農村依舊可以見到祭拜毛澤東的壇位，如同祭祖那般重視。毛主席紀念館座落於北京天安門對面，我沒有去過，但聽聞時常都是往來不絕的景象。

四季分明是北方氣候最顯著的特徵。

植物像盡責的鬧鐘，該綠轉黃的時候絕不馬虎。

北大校園中種了許多銀杏，一到入秋時分就會隨著整個北京城一同下起黃金雨，因爲銀杏樹的密集種植，北大還是北京挺有名的賞銀杏一地。

忘了我是誰吧

「聽你說話，台灣來的吧？」
「台灣人到底咋想的？」
「你說，咱們中國眞適合民主嗎？」

●

「你爲什麼來大陸唸書呀？」這是我在北大的第一堂課上，被鄰座的同學問的第一個問題。我在北大的第一堂課是社會學理論，是一門全系不分專業的共同必修。在這堂課上，我也才有機會一次見到所謂的全班同學[1]。

當時正是我剛剛開始接觸中國同學、中國社會、中國學校，渾身滿溢著初入一個環境會有的謹小慎微，我保守的對那位同學說：「來體驗一下和台灣不一樣的氣氛呀，台灣人對這裡很陌生的。」不料對方卻笑了，說：「眞是很官方的回答啊。」看對方的神情似乎是期待我說出更多足以讓他驚奇的理由，而我在這樣的回應之後只覺尷尬。我認眞的思考著，他究竟想聽到什麼樣的答案？或者是，對於這樣一個中國學生而言，他期待從一位「台灣同胞」的口中說出什麼樣的動機？同樣的問題也時常易地而處，在台灣時只需將「來」改變爲「去」，大家似乎都認爲「去中國/來大陸唸書」肯定有個不同於一般情況的原因，對於我聽起來顯得「官方」或是平淡的回答，自然無法感到滿足，甚至想進一步追問。

在升學主義和名校依舊是主流思維的今日，對於台灣學生和家長來說，台北羅斯福路四段一號那座綠意盎然、有椰林大道貫穿的校園，才是上選；而出國深造，美國等西方國家肯定又會是絕大多數台大學生的選擇。回想起彼時的自己，幾乎也沒有多少掙扎，就走進台北車站對面其中一間專攻GRE、GMAT和托福的補習班，度過畢業前的最後一個學期。當時的計畫是，專心準備一年，期間做些和學術及興趣有關的工作，以不佔去太多時間和精力爲首要考量，蜻蜓點水般的投入了一些勞動，在出版社做編輯、國際研討會上當翻譯、

1 北大社會學系研究所底下分了四個專業，社會學、女性學、社會保障，還有我所就讀的人類學。人類學之所以被劃歸在社會學系底下，簡單來說，也只能歸因於中國學制分類以及人類學於社會／人文科學的窘境；不過，除了研一上還有幾門與其他幾個專業一起修習的社會學相關課程，之後人類學專業的課程規畫與訓練便都自成一格了。

去文創工作室做企畫。

然而，一個偶然的情況下，我「遇見」了導致我大大轉向的契機。

有位相熟的老師邀請我，到他主辦的國際研討會上幫忙接待外國學者，就在某天的餐會上，遇到一位來自中國四川西南民族大學的老師，因爲就坐在我的旁邊，我們自然地聊起天來。

這是我第一次認識中國人類學者，現在他是我的師兄了，但在那時，他對我來說就是一個中國學者的縮影：極具穿透力的話語，氣勢十足，充滿自信，甚至有些自負。那個晚上的交談，讓我深深崇拜。他問起我是否想讀人類學，我說是，他便說，來中國讀吧，來我的老師門下，他會給你最棒的人類學訓練。後來我到了北大，和其他熟識這位老師的同學聊起此事，他們大都笑我是被他拐來的！想想也沒錯，在這位老師之前，我甚至沒想過去中國旅遊，卻爲一晚的深談，起了去中國讀書的念頭。

會議結束後，我和母親帶著這位老師到屏東幾個永久屋聚落走走。老師外型粗獷，蓄了一下巴狂野的鬍子，拿起吉他唱起四川民歌來，卻又溫柔無比，實在太有意思了。這位老師使得去中國讀人類學這件事，好像變得更酷、更浪漫了起來。就好像「中國」對我來說，突然變得立體而鮮活，從原先一般所認知的極權、高壓、緊張、競爭、暴富、極貧這些概念中，樹立了有骨有肉的形象。是這樣的中國，孕育出面前這位老師的學術俠義氣質，還有能夠與西方學術理論發源地相抗衡的知識。

我心想：「如果去了中國，我會變成什麼樣子？」到美國，甚至是歐洲其他國家可能遭遇的洗禮和變化，在過去的旅行經驗中，已經讓我多少勾勒得出模樣，但是中國，中國啊，這個陌生又顯然被重重誤讀的地方，我很想去一探究竟。

送走老師回中國後，我上網查詢了北大研究所的申請時程，恰好正值港澳台境外學生申請入學期限，我花了一段時間準備申請文件——雖然現在已經完全忘記當時寫了些什麼——丟出，等待消息。過了三個月，某一天，收到一封信通知我到北京面試，而距離面試時間不到一週（北大效率就是如此）。於是，台胞證、機票等等事宜，皆以各種急件方式處理。彷佛不想讓我太意識到就要前往中國了。匆匆結束了面試，匆匆回了台灣，接著又過了三個月，白紙黑字的錄取通知書就躺在我家客廳桌上。我一邊將正在進行的工作收尾，一邊略帶不安的想著，啊，我是眞的要去中國了。

回頭承認當時那種獵奇和無知的心理，其實有點困難，但事實上，又是那麼眞實無虛，同時也相當具普遍性。身邊不乏有人到過中國旅遊、讀書、工作，但他們很常問我的，依舊不外是：「你爲什麼想去/來中國？」和「你爲什麼想讀人類學？」面對這兩個問題，我很快可以找到官方的、比較不官方的、比較個人的答案用以回覆不同的人。但如果問題變成：「你爲什麼想去/來中國讀人類學？」難度瞬間升高五顆星。直到現在，不管任何人問及，我都還沒有很好的答案可以作答——見人說人話，見鬼說鬼話是人類學工作者的職業病。就這樣，我一邊思考，一邊到了北京，甚至在中國度過的這三年，每天也都在透過不同的生活經驗和情感體驗來試圖回答這個問題。

●

二〇一三年夏末秋初，在母親陪同下，我到了北大報到。第一件讓我歡喜的事情是，北京天氣已經轉涼，晚上不似台灣的悶熱，而是有乾燥舒爽的涼風拂過，白天的陽光也已不再毒辣，讓人感到舒服。

我在心裡默默給北京加了一分。萬萬沒想到，進了學校宿舍，目睹硬體設備，卻像是踏進時光機倒退三十年，加上沒有地磚的水泥地板、吱嘎作響的單薄床板、窄小的書桌與衣櫃，還有最令我崩潰的澡堂式淋浴間——沒有門……我用盡畢生的社會化能量，方才撐起瀕臨崩塌的表情，內心則已經跪地求饒：我要回家！

大部分同學都已經入住，走廊、水房[2]隨處可見未來將與我共同生活、學習的年輕女孩。有一位女孩吸引了母親的目光，她留著一頭七彩的髒辮（dreadlocks），高鼻深目濃眉，皮膚白皙，就像白種人那般。母親主動與她攀談，知道她是新疆的少數民族，與我同一位老師，也就是是我未來的同門[3]。母親有些憂心的說，「聽說新疆人脾氣很暴躁，也很兇悍，你要小心點。」不料，日後我和這位哈薩克女孩卻成了好朋友。我喜歡用哈薩克語喚她的名字，Janar。

同寢室的室友中，南方北方人都有，有兩位來自兩湖地帶，另一位則是河南人。某一天，幾個別寢室的同學笑鬧著跑進我們房間，要找那位湖南的同學玩，吵著要她讀「劉姥姥逛大觀園」和「老殘遊記」這兩個詞，大家又笑又鬧，把那位湖南的同學逗得哭笑不得。原來湖南室友的方言腔使得她ㄌ與ㄋ的發音不清，劉姥姥變成了「牛腦腦」，老殘遊記則唸成「腦殘遊記」……這種玩笑就像某種在地性知識一樣，一開始並不覺得好笑，久了之後才慢慢讀出趣味來，等我開始習

2 在中國，洗手間、淋浴間等需要用水的地方習慣被稱爲「水房」。

3 每位老師就像是一個「門派」的這種學風在台灣已經相當少見，與受到美國學術文化影響有關；而在中國，以老師爲主的門派之見還是相當盛行，在我所拜的「王門」更是。我們都習慣將同個指導老師底下的同一屆學生稱爲「同門」、同一個指導老師底下的學長姐稱爲「師兄師姐」，更有趣的是，在某些更講究層級關係與「血緣」傳承的師門（如同我的師門），「同門」的學生也會稱呼你爲「師叔」（男女皆爲師叔），我就曾幾次被已畢業在外校執教的師兄姐的學生稱作師叔，頗有行走江湖的氛圍。

慣這些亟需語境的「梗」以後，我也可以跟他們一起說南方人說話時舌頭都「捋不直」，在其他人取笑北方人說話像在冰上「出溜」（滑的意思）時，一起大笑。

後來學到的在地性知識越來越多，但不能否認的，最初大都是出於偏見和刻板印象，例如：廣東人什麼都吃，內蒙的小孩都騎馬上學，新疆人名字都叫買買提[4]，東北只有大鍋菜可吃……在台灣，我們也有所謂的南北差異，但現今體現在人們身上的，似乎已經越來越無法辨識，無論生活習慣、飲食風格，也只剩下寥寥幾種能勉強存在著，更別說是各縣市之間了。因此，在中國這種高辨識度和特色上的排他，引起我強烈的興趣。這樣的標籤透過中國社會的高流動性而傳播開來，又因爲某些限制造成「刻板印象」。

我這些來自五湖四海的同學，就如同孔雀開屏一樣，天天在我面前上演著極富特色的個性。我喜歡和他們聊家常、話鹹淡，漸漸建立起屬於自己的「中國偏見地圖」。

那麼，在中國人眼中，台灣又是怎樣的印象呢？

我發現台灣人有個「原罪」，就是不管去到哪裡都會被以政治的「眼光」打量。我不確定香港人或是澳門人是不是也有相同的處境，或許沒有，因爲一般「內地人」對港澳的認識與興趣可能已大致成形，對這兩個地方的危機感較低，港澳人可以在這樣的問題上稍稍幸免。

因此，乘坐北京出租車的時候，簡直是一整個備詢的動作。

4「新疆人都叫買買提」這個印象背後的原因，與新疆的維吾爾族爲主要的組成人口（與漢族人口約爲五：五的比例）有關。維吾爾族有深遠的信仰伊斯蘭教歷史，許多父母喜歡以穆罕默德（Muhammad）爲孩子取名，讀音在經過阿拉伯文突厥化的演變之後，成爲"Mehmet"，寫成漢語就成了「買買提」。取名的邏輯的確可以反映出某些宗教的背景，例如許多基督徒父母喜歡將孩子取名爲「以諾」或是「頌恩」等等。

大家都說，出租車（計程車）司機是最熱中於政治的一群人，而北京出租車司機仗著老北京的身分，更讓他們自帶一種「皇城根兒底下」養就的正氣感，講起政治頭頭是道，批判黨和政府也不假辭色，說到中國神聖領土不可分割，也是一副同仇敵愾的口氣。

他們通常劈頭就問：「聽你說話，台灣來的吧？」承認了之後，接下來就是一個個讓你猝不及防的問題，「台灣人到底咋想的」、「你說，咱們中國眞適合民主嗎」、「我看你們台灣很自由啊，那個啥立法院的天天這兒打那兒打」……一直到我後來學會以中央電視台和北京式的普通話對談後，這樣的隨「車」考試才漸漸變少。

除了政治題，偶爾也會有文化上的交流。通常是以一百零一句的「阿里山的姑娘美如水呀」作爲開頭，接著會列舉他們所知道的台灣景點，然後大表對台灣同胞的熱情與關懷，希望兩岸統一大業盡早完成，讓台灣同胞早日回到祖國懷抱。剛到北京，還有耐性以一口台灣腔與司機互動，也很樂於向他們解釋台灣人對「大陸」的觀感和想法，順便介紹一下阿里山以外的台灣景點；但久了，我開始感到不耐。不斷遇上像第一個碰見的司機那樣，將台灣視爲鐵板一塊的人們，我不曉得他們對台灣的認識與理解究竟是怎樣被複製和大量生產的，又爲何如此的高度一致和不假思索。直到休假回到台灣，和熟人談起中國，那股熟悉的不耐煩竟再次向我襲來，我終於才發現，對於台灣人來說，中國也是鐵板一塊。同質的，堅硬的，不好咀嚼的。

所以，我若要眞的認識它，就得先暫時忘記我是誰。

在中國的三年期間，除去田野調查以外，我並沒有什麼外地旅遊的機會，唯一一次稱得上出遊的經驗就是和同學去了青島。一場貨眞價實的旅遊意指——我們將大把時間花在風景名勝上、把胃口全部留給著名小吃、住在有人打掃的酒店裡。很多人會說，你們人類學做田野不就是出去玩嗎？這句話程度上十分眞實，但有的時候又是全盤皆錯。旅行和生活相差的最大地方就在於，旅行是必定會離開的到訪，而生活卻是無處可逃的；做田野就有點像是過生活這麼一回事，最讓人倍感痛苦的一點就是，你還得將別人花了幾十年的生活體驗和學習的事情，在數個月中濃縮、呑嚥，然後習慣。北京這個時候便成了一個帶有特殊感情和認同感的地方。我從台灣回到北京時總覺得痛苦，而我從田野回到北京時又覺得愉快。

我曾在三個地方做過可稱爲田野調查的工作，分別是甘肅、四川和新疆。我參與了民族博物館的文物徵集工作，在甘肅的裕固族地區待了十天，以一個跟班的形式，和博物館研究員及當地文物局的官員，在鄉鎮裡穿家跑戶搜集民族文物。在那次工作經驗中，我「解鎖」了田野工作中相當重要的一環，就是喝酒。若是論喝白酒，客觀而言，我的酒量還算不錯，在酒桌上其他一同來的博物館師兄姐已紛紛陣亡的情況下，依然保持清醒，當場被測量出「你白酒能喝一斤」的酒量。

「能喝酒」彷彿是人類學者的一項榮譽，並不是說不能喝酒就做不了人類學，而是酒量好對於人類學研究工作來說能有不錯的加乘效果。姑且不論各個文化體或是社會發展的程度，酒精幾乎普遍地存在於所有社交場合中，人類學者之所以被期待需要喝酒且會喝酒，也是因爲人類學者需要靈活自在地穿梭在這些大大小小的社交場合與人際網絡。就這樣，喝酒——喝高純度的酒，如二鍋頭、五糧液等白酒，成爲我在中國走跳期間少不了的活動。

所以，「田野」到底是什麼樣的一種體驗和勞動？當我和室友提起我在田野期間攝取大量酒精時，其中一位聽了大驚失色，「我不可能做得了田野」，她這麼說。難道田野就是天天飲酒社交嗎？也並不全是。某次與著名人類學家 David Parkin 一同用餐時，他問席間其他人：「有沒有人去田野還會覺得害羞或恐懼的？」飯桌上其他師兄姐沒有人承認，甚至有零星一些聲音說著「不會呀」這樣的話；等到有機會私底下和這位和藹的老先生相處時，我便偷偷告訴他，其實我在田野總還是有無法排解的尷尬和痛苦，是不是哪裡做錯了？老先生瞇起眼睛笑了，他說：「每個人都會的，只是他們不說。」的確，田野對我來說，很直觀地會引導到「痛苦」這個情緒上，進到「田野」裡，你必須時刻保持著精神的警醒和熱切，對於放到你面前的食物不能排拒，開口向他人攀談不能害羞，還要學會偷聽不屬於你的談話內容，在八卦中豎起耳朵揀選有用的訊息；當然了，如果你是去到一個異文化的群體裡進行調查，更要學會他們的語言，才能夠完整地實踐以上這些內容。旅行是終究會離開的到訪，而生活不是，至於田野則像一場很長的旅行，你必須以生活來體驗。

因此，也可以說，我正是以一種做田野的態度經營著在中國的生活。我和許多人類學者一樣，帶著一些預設和想像進入這個陌生的地方，而實際狀況並不可能與想像完全吻合，甚至更多時候會全盤推翻預設，只能重新來過，而在重啓的過程中，我發現唯有將自己縮得很小很小，才有可能獲得更大的空間——學習和獲得知識的空間。

那麼，用做田野的態度經營生活到底又是什麼意思？這話其實很裝逼[5]，感覺像是把人類學田野工作的浪漫色彩，硬加諸到日常生活中的一般性來。重點其實在於，將生活中的理所當然不視為理所當然，但是對世界的怪又能見怪不怪。要舉例的話，我又想把話題拉回那群神奇的北京出租車師傅身上。

除去每次都要被考政治題以外，我其實很喜歡和出租車司機聊天，特別是和他們討論路線的問題。北京城是個放射狀規畫的城市，中央是紫禁城，以紫禁城為圓心向外擴展出環狀的道路，每一環都是高速，圓環高速構成的是一座座圓形的生活圈，環數越小越接近紫禁城，更是整個北京城乃至中國最重要的地方[6]。由於曾為多朝古都，北京的都市規畫相當工整，傳說即使路痴來了北京，都能夠準確地指出正南正北。

每次上了出租車，我總是喜歡指使師傅往我指定的路線走，先往東走上四環，接著下三環，接到某某路後往南走，過了那個橋後再往東……有時候師傅看我指的路不對，便會憑著腦海中的北京地圖與我爭論，老北京的方向感怎麼會輸給我這個小島子民，因此大多數時候就算不服也只能吞下。有一次師傅見我不服氣，便指著路邊一塊路牌說，「說我們正往東你還不信，你瞧，那路牌兒是不是綠色底兒白色字的？」我說是，師傅又說，「北京的路牌兒呢，綠底兒白字的指的就是東西向，白底兒紅字的就是南北向，你一看就清楚了。」我獲得這個知識後非常高興，回學校考了幾個同學，發現他們都不知道，我

5 裝逼的意思就是說，裝得很有格調，或是做出不符合你實際身分與狀態的行為。
6 環數也是生活在北京的人們習慣使用來表示方向和地點的方式，例如北京大學在「西北四環上」；「二環以內」的房價特別高；某某某住在「北六環」上，每天到「東二環」上班要花一個半鐘頭……諸如此類。

更得意了。並非不經師傅說明我就永遠不知道路牌配色的意涵，而是我很輕易地就取得了一種出租車司機的生活小常識。對總是拿著手機地圖GPS查路的年輕人來說，或許不算是什麼了不起的資訊，卻是能爲整天在路上跑的出租車司機省去很多麻煩的必備常識。我很著迷於這種感覺，彷彿我倚靠自己的力量，敲開一個又一個的寶箱，而外型不一、形狀顏色迥異的寶箱裡，藏匿的正是眾多不一樣的、關於這個世界的秘密。

●

在北京一年半、即將稱得上「熟悉」北京後，新疆是帶給我新一波刺激的地方。新疆是我最終選定的碩士論文田野調查點，二〇一五年的寒假，我和我的好友（前面提過的那位髒辮女孩）在除夕前一天回家過年。「過年」也是從我的角度出發的說法，新疆的少數民族大都信奉伊斯蘭教，遵行伊斯蘭曆，因此年節作息並不按照漢人社會的習俗來過。每當漢族逢年過節放假時，這些少數民族的穆斯林便依舊照表上班，等輪到伊斯蘭曆的年節假日則是漢族人上班。當飛機抵達烏魯木齊機場，我發現手錶時間和牆上時鐘對不上，足足有兩小時的時差，這才知道，原來新疆時間比北京時間慢兩個鐘頭，只是全國統一以中原標準時間來計時。我是真的來到新疆了，來到一個直接在時間上就充滿衝擊感的地方。

生活中的刺激和衝擊會促進思考，但真正形成對一個地方的認識，依舊是依靠熟悉感來完成的。在接受刺激、將刺激轉化、最後內化成對他者及外界的認識，整個過程就是「生活」在發揮化學作用。我在新疆度過的是生活，同時也是田野，最有趣但同時也最令人捉摸不清的一點就是，旅遊會使你認識一個地方，但那個地方不一定能夠認識你，而田野和生活則不然。接下來，我讓「二道橋」來說這個故事。

烏魯木齊市是新疆的首府，而二道橋是我在烏魯木齊最喜歡的地方，儘管這種喜歡某種程度也代表了我的無知。我去過烏魯木齊很多次，但走訪過的地點非常少，自治區博物館、新疆師大，還有一兩家曾和朋友一起去過的酒吧和餐廳，除此以外就沒了。誠實的說來，我對其他地方興趣不大。原因是，烏魯木齊就像中國其他改革開放之後蓬勃發展的省會城市一樣，有著發達的道路建設，市中心高樓聳立，走在名牌店所環繞而成的商場，與你擦肩而過的是提著滿滿當當購物袋的、以華麗色彩布帛包裹全身的穆斯林女孩；你站在這裡，身處其中，卻很難感受到這個城市的過去和未來，彷彿它就是爲了「此刻」

所建造的。這可能源於一種毀滅性的大破與大立，這裡沒有歷史，也似乎難以生出期待。我第一次去新疆探勘田野回到北京後，我的老師慢條斯理地問我：「烏魯木齊很爛，對吧？」當時不懂他的意思，只能唯唯諾諾的點頭稱是。現在想來，老師的意思大抵上就是對於這個城市的真空懸置所發出的哀嘆。或許我的新疆朋友不會樂意見到這樣「詆毀」烏魯木齊，但我還是必須誠實地對這段引發我喜愛二道橋的背景進行鋪墊。

二道橋說是一座大型商圈或許會更好理解，它位於烏魯木齊市解放南路上，沿解放南路兩側林立著大小店鋪和商場，裡頭最出名的就是國際大巴扎，外來遊人必去的景點[7]。彼時剛進入新疆的我，急需一些能開啓田野模式的衝擊物，於是二道橋成了我第一個造訪的地點。

第一次去二道橋有我的哈薩克友人陪同，我們在南門劇場下車，在附近餐館簡單吃過烤包子後，就走進解放南路。路的最前端是汗騰格里清眞寺，沿路往下走，家家商鋪熱鬧且擁擠，路邊日常用品雜貨店賣的湯瓶[8]多到都擺出店門外來，還有賣各種乾貨的、民族服飾的，還有糖果店。我特地轉進一家糖果店瞧瞧，店裡賣的幾乎是俄國、哈薩克斯坦、土耳其等國進口的餅乾糕點，散裝的秤重賣，包裝好的就成袋賣。新疆的少數民族多有飲茶的習慣，佐茶的食品便是這些甜食。

經過婦幼保健醫院再往前走，一眼就被一個詭異的大型裝置吸引，像是一個鐵網構成的多邊形穩坐在解放南路的人行道上，仔細一看，嘿，鐵網裡有人——好幾位處於警備姿勢、荷槍實彈的武裝警察，雙手一高一低扶著機槍，正朝每一個經過的行人發送高度警戒的目光。我才抬手準備用手機拍照，遠處的武警便朝我大吼：「不許拍照！」膽子很小的台灣人我嚇了一大跳，趕緊把手機收起來。像這樣的武裝甲蟲（外型實在很像），在解放南路上就有數座，稍微了解新疆歷史和社會現況的人們自然懂得箇中緣由：二〇〇九年爆發的「七五」事件，發生地就在解放南路上[9]。自那時以後，武裝警備有增無減，儼然成爲二道橋區域一幅特殊景觀。

我的朋友帶我左彎右拐的進了一家外型較爲凌亂破敗的商貿樓，直說好東西都在裡面。樓裡空蕩蕩的，除了商鋪老闆以外沒有什麼遊

---

7 在史料記載中，自清末沙俄於此地劃定商貿圈子以來，這裡就是新疆少數民族與西亞、中亞等地進行商品交換的重要集散地，隨著商品貿易的風氣漸夯，在原有的基礎上自然形成了更多的少數民族商鋪聚集，進而形成了烏魯木齊最集中也最爲大型的民族聚集區。

8 穆斯林使用的一種類似於水壺狀的清潔容器。

9 「七五」在中國政府的官方解釋中，是二〇〇九年發生在新疆烏魯木齊市解放南路上的一件暴力犯罪事件，發動且參與此行動的人士多爲境內維吾爾族，在後來的調查和研究指出，七五事件源自於新疆內部的民族衝突。

人，我們隨意悠哉地慢慢遊逛，我買了一雙羊毛氈的精緻拖鞋，給父母買到一些精巧的小玩意兒，覺得撈到的都是充滿在地風情、不流俗套的寶貝，萬分自豪。從商貿樓出來，抬眼就可見雄偉壯觀的國際大巴扎聳立在解放南路北端上。「巴扎」在維吾爾語裡意思是集市、市場，顧名思義，這座「巴扎」不僅是最大的，還必須是「國際」的。進去大巴扎得通過安檢門，然後才被允許踏進這幾棟帶著伊斯蘭風格的尖塔建築裡。一進了大巴扎，原先不見蹤影的遊客此時堂而皇之出現，穿梭在各種販賣小刀、乾果、首飾、和田玉的商鋪間。

曾有一位哈薩克學長聊及二道橋，說起一個小故事。每當他與維吾爾朋友在二道橋區域閒逛，總會看見一類人，他們的標準配備是，遊人的裝扮、內地人的長相、背在胸腹前的後背包，以及戒慎恐懼的眼神。和這類人擦肩而過，這位學長和他的維吾爾朋友往往會心生惡趣味，故意在短暫的接觸中做出近似扒竊的假動作：撥弄一下對方的後背包或是碰觸他們的褲袋，接著裝作沒事地走開。「眼神，重點是眼神。」學長這麼對我說，「他們的眼神啊，一看就知道很緊張，你看了就會覺得很好笑，忍不住想這麼做。」

新疆師大的一位老師說，每次有內地朋友來，他一定要帶他們去二道橋走走，不僅是因爲二道橋作爲烏魯木齊的重要景點，被稱爲「窺探新疆民族文化的窗口」，也是因爲他亟欲消除內地人對新疆的種種偏見印象——看，我們好得很，這裡也安全得很。有趣的是，通過這種集中式的窺探，一套由活著的文化形塑而成的生活形式，很可能就變成死的了。

在我還以初來乍到的遊客身分定位自己時，我呈現的自然便會是遊客的形象。即便我自認作爲學習人類學的學生，面對遭到污名化的異文化，理所當然的比一般普羅大眾更多了一份理解和從容，但我身上尚未褪盡的遊客氣息，依然在這個小區域社會裡顯得醒目。

二〇一五年的整個夏天，從最炎熱的時節到逐漸轉涼時分，我都待在新疆。等我的額頭已經被天山的嚴酷紫外線曬出大大小小的斑，皮膚從原本的較深成爲了非常深，隨著和牧民們共食同睡的潛移默化，說話腔調也喜愛在尾音上揚，回北京之前，和玫約在二道橋附近見面。玫是研究澳洲維吾爾移民的漢族博士生，能說一些維吾爾語。我們挑了一家風評不錯的維吾爾餐廳邊談事情邊吃飯。吃完飯，提議進去大巴扎裡逛一圈，買一點乾果雜糧。門口的安檢閘口站了兩位維族警察，我們一邊討論著玫在維吾爾餐廳打工的趣事，一邊走進大巴扎的廣場，玫說得興奮，一時忘記將隨身背包放置在X光行李檢查檯上，就穿過安檢門。其中一位警察先是用漢語朝朋友喊了一句，接著轉頭看向我，說了一句維語。我傻愣了兩秒才反應過來，笑著用漢語對他說，對不起我聽不懂。發話的警察也有幾秒的停頓，接著和另一位警察一同笑出聲，「不是維族嗎？」他這麼說。我和玫此時也終於忍不住哈哈大笑起來。事後，我困惑地對玫說，我知道我的長相不是漢族的臉，可是和眞正意義上的維吾爾族女孩長相還是有很大程度的差異，爲什麼他們會有這樣的誤認？她想了好一陣，又從上到下打量了我好幾回，她猜測道，「眼神吧，我覺得是眼神。」這話神奇地與曾對內地遊客惡作劇的哈薩克學長如出一轍。「你看起來很自在，眼神很自然，加上臉孔的確不是漢族的模樣，所以才會有這樣的判斷。」玫接著說。

我喜歡把時間花費在二道橋裡，觀察著在這裡生活作息的人的模樣，感覺比起在繁華的烏魯木齊市區看見的景象來得更爲眞實，或者說是，我想看見的眞實——我們都不能輕易地對「眞實」進行定義和指涉。但在一些微小的事件裡發現，原以爲看見了的「生活」模樣，實際上情況遠不只這般簡單。所以，我不只看見他們的，同時也見證了我自己在新疆生活的模樣。是一段打磨了我的旅人氣息、賦予我新眼神的過程。

人們說二道橋是新疆、烏魯木齊所代表的民族文化的縮影，更諷刺一點的來說，我認爲二道橋也正是濃縮了一般人所認知的「新疆印象」的地方：扒手多、治安不好、不歡迎漢族人、隨時會有暴力恐怖攻擊。這些印象都實質地反映在路邊的「武裝甲蟲」，和滿載著戒愼恐懼眼神的遊客上。想要疆外的人們放下一切戒備和成見，強行接受「新疆是個可愛宜人的好地方」這種浪漫的想法，是不切實際的；而我只是試圖像他們一樣在這裡生活，感受著生活帶給我的一切，也欣然接受生活將我一點一點的改變。我曾在網路論壇上看過一句話，「所有的生活都是有道理的，因此人們不需要互相理解」，我卻認爲，正因爲所有的生活都有道理，人們之間的相互理解才更加需要。

大陸尋奇和流星花園

「哇，他們說話真的跟《大陸尋奇》一模一樣！」
「哎呀，好像在看台灣偶像劇！」

●

我猜想，和我差不多年齡世代的人，應該都有看過《大陸尋奇》這部旅遊節目吧？我特地去查了這個節目的資料，發現《大陸尋奇》的開播日期竟和我的出生同一個年份，也就是說，這是一部距今已二十七年（聽說現在仍持續在播映）的骨灰級旅遊節目。說到這個節目，有看過的人應該腦海中立刻自動唱起「啊啊啊啊～～風雨千年路～～江山萬里情～～」這句雋永的歌詞，這首歌和主持人熊旅揚的長相與聲音都具有強大的洗腦效果，說是童年記憶也不爲過。我的母親是所謂的外省第二代，因此來自對岸的文化元素在我的家庭就不陌生，但它又不是以一種很立體的方式呈現，它總是依附在例如外公的形象中、《大陸尋奇》這種電視節目裡、母親那一口標準的國語上……所以當我去到北京，和中國同學打起交道，心裡想的其實是：「哇，他們說話眞的跟《大陸尋奇》一模一樣！」不料，我的同學們比我還直接——我第一天搬進宿舍，才剛和同學說了幾句話，有一兩個女生當面驚喜的掩嘴高呼：「哎呀，好像在看台灣偶像劇！」對於中國年輕人來說，他們對於「台灣腔」的啓蒙，正是來自那一部又一部的台灣偶像劇，甚至碰過幾位女孩將台灣近十年來的偶像劇倒背如流（有些甚至是我聽都沒聽過），對我的台灣腔自然抱持著一種嫁接的孺慕之情，我稀鬆平常的說話方式變成了一種表演。

「台灣腔」是什麼？首先，構成台灣腔的第一個要素，就是許多不停變換的句首句末無義感嘆詞。我的台灣同學賴小，性格直爽，說話的方式完美演繹了何謂「偶像劇台灣腔」，她在和我說話時，起手式永遠是：「欸我跟你講……」中國同學曾幾次不解地問我，就不能直接說嗎？爲啥總還要「欸」一下？我很不服氣的說：「你們不也會說『欸我和你說個事兒』嗎！」但他們紛紛表示這兩個「欸」之間有很大的區別，不一樣。接下來，豐富的句末感嘆詞也是台灣腔的重要組成元素，據我的同學指出，獨屬於台灣腔的軟糯黏膩感，很大一部分是來自於這個。不過也有可能什麼都不做，你也會被指認成「台灣腔」——我剛到北京的第一個學期，在課堂上做例行的作業報告，等我做完四十分鐘的報告下來後，我同學悄悄靠過來說：「你剛才在台上發什麼嗲？」我感到很無辜又很氣憤，一個正經的課堂報告是要怎麼發嗲？但他們依舊堅持我說話就是在發嗲。

有去過中國的人就知道，即便雙方兩岸皆使用中文，在初來乍到之時，你卻仍然會有一種很強烈的「聽不懂」之感，除了中國本身多樣化的地方性口音，讓大部分只聽慣一種腔調的台灣人不太好適應之外，相當多的「同字不同義」情況，是讓我們彼此在對話之中很常誤解語意的原因。舉例來說，像是「ㄙㄨㄥˊ」和「慫心」這兩個字眼。「ㄙㄨㄥˊ」在台灣是閩南語的說法，意思是 old fashion 的、土氣的、過時的，常用來指一個人穿衣品味很俗氣，或是對於新事物大驚小怪，沒見過世面；但在中國，「ㄙㄨㄥˊ（㞞）」，在口語表達上代表的意思是膽小、懦弱、遇事臨陣脫逃。有一個情景可以說明這個字：每次當我和同學們去外面吃飯，碰到態度不好的服務員，我總會在他上完餐之後，用各種激烈的言辭來表達我的不滿，還會不停放話：「她再臭臉一次，我就……！」熟悉我的同學都知道這發言頂多就是紙老虎，便會嘲笑我：「行啊你去呀，別到時候又『怂』了！」還有「窩心」這個詞，當我某次爲想感謝體貼的師兄幫了我一個大忙，便很高興地在微信對師兄說：「師兄你眞是太好了，好窩心啊！」師兄隔了一下子才回我，他說：「我剛才覺得奇怪，就去百度了一下，才知道在台灣說『窩心』是表示感動的意思……」我趕緊追問，不然師兄你原本的意思是？「窩心在我們的理解，是說你受委屈了但不能說，窩在心裡很苦悶難受的意思。」這也差太多了！原本是想表達感謝趁機拉近距離，沒想到一個弄不好卻反而會得罪別人。諸如此類的用語還有很多，但最普遍的情況還是「同義不同字」，想要表達同一件事情、同一個物品，卻因爲用語有異而雞同鴨講——到現在我同學還會提起「隨身碟」[1]這個詞來笑一笑。

賴小總是開玩笑稱我爲「口音超級沒節操」的人。這是因爲在面對北京本地人或是其他中國人時，我能夠從富有特色的「台灣腔」轉變聲道與口音，用一口較爲地道的「北京普通話」來與他們溝通交流。認眞說起話來，可能還有很多時候是用來魚目混珠，對於聽者而言，將較難以辨認出我實際上擁有的台灣人這個身分——要知道，台灣腔對於中國人來說，辨識度可是超級高的。

北京普通話難在哪裡？首先，對於大部分「南方人」而言（在中國的範疇中，台灣人也被視爲南方人），兒化音是最難說得自然的一種語音。兒化音的規律極其難掌握，基本上只能靠長久的語感和習

1「隨身碟」他們稱爲「U盤」（USB的再簡稱）。

慣，北京人沒辦法一次列出所有應該捲舌和不應該捲舌的音，想要學習兒化音，唯有通過不斷地觀察和聽取北京人所有言談，才能稍微一探究竟。我曾經無數次和同學們爭論，爲什麼「五道口」（北京地名）的「口」不用捲舌，而「地鐵口」的「口」就需要捲舌，諸如此類這種他們也說不清的語言規則。

除了超高難度的兒化音以外，「前後鼻音」也是對於南方人、台灣人來說較難習慣的語音。記得剛來北京頭兩個月，自以爲開始掌握了一些北京普通話，我和賴小在某次聊天時，沾沾自喜的對另一位中國同學說：「我們發現你們說話不喜歡說『好』，你們都說『行』。」沒想到那位同學淡定的回了一句：「不是。」「不是嗎？那不然呢？」對方又慢條斯理的回：「是『行』（ㄒㄧㄥˊ）。」這兩個「行」差在哪裡？關鍵在於台灣人習慣把ㄥ都發成ㄣ的音，ㄒㄧㄥˊ變成了ㄒㄧㄣˊ，ㄥ原有的鼻音都消失不見。這位同學就是拿這點來打趣我們。當時我們兩個台灣人氣得要死，覺得在普通話上又被歧視性的碾壓了一回，還一陣憤憤不平。

正宗的北京普通話又和「京片子」有著很大的差異。他們是這樣定義的：中央電視台（CCTV）晚間新聞主播的腔調就是最官方的「普通話」，正統性就類似於英國的 Queen's English；而「京片子」是道地北京人說的一種帶有腔調的普通話，和正統普通話之間有著一些聯繫，語音在某種程度上是可以互相承繼的[2]。因此，京片子實屬一種地方性的「方言」，具有地方性的語音和「黑話」，前面所說大量且難以參透的兒化音就屬這一種，還有一些諸如「顛儿」、「你丫」這種口語表達詞組。在生活中要學正宗京片子可以和幾種人學，一是出租車司機，二是學校宿舍樓管大媽。這幾種職業都有很強的地方限定性質，幾乎都是北京本地人擔任。

在北京的語境裡，「台灣腔」和「北京普通話」對我來說，好似是兩種熟悉模式的語言：面對能夠放鬆談話的熟人，我通常不會掩飾我的台灣腔；而到了外面，需要面對陌生人或是處理一些正事時，我就會穿戴起我認眞學習過的北京普通話。這之間的分界有點類似於正式語言和非正式語言，而我在每天的不同時段都在經歷這種轉換。最經典的例子就是坐出租車/打電話叫出租車。在我開始對北京有了一定的熟悉度之後，我發現我以前曾經數次在幾個路線上被繞路，且都是在我剛到北京，對環境非常不熟悉、口音還相當好辨識的時候。後來我學了一套「出租車專用套詞」，都是從我和中國朋友共乘時七拼八湊得來的經驗：「喂師傅，我在海淀橋北這兒。」「不，就兩個人。」「行，那你快些吧。」「好嘞[3]，等會兒見啊。」路邊臨攔的計程車也可以這麼說：「咱們到北京大學西南門兒。」「行，您靠邊兒停吧。」諸如此類，在我學會這些套詞，並認眞地實際演練以確保口音不會出錯之後，被繞路的情況確實少了很多。這種情況並不罕見，在許多外來人口複雜的移居城市中，「當地人欺負外地人」從來就不是稀有的事件，因此外地人要如何學會包裝自己以便像個當地人，一直都是外地人必須思考的功課。

我在台灣時很常碰到一種情況是，對方聽聞我在北京上學，就會開玩笑的以「對方以爲的北京腔」說上兩句，我起先碰到時還會一愣，因爲我並沒有在第一時間就意識到對方的用意，那些語音聽起來更像是在模仿中國北方省份的方言腔調，例如台灣很常見的山東外省老兵

---

2 更準確的來說，近代以來中國所使用的「普通話」就是發源於北京話。在民國初年時期就已經有了國音、國語等概念，是基於現代中國北方官話的白話文語法和北京話語音來制定。一九四九年中華人民國共和建國以後，將國語改稱爲普通話，是以北方方言爲基礎，北京語音爲基礎音，以典範的現代白話文作爲語法規範的現代漢語標準。

3「好嘞」是北方人特別愛用的一個應答詞，也屬於較日常和市井的說法。

們所操持的那種口音。這些狀況頻繁地發生，讓我後知後覺的才發現在大部分台灣人概念裡，原來對岸人說話全都是這一個調；這種情況類似於我在北京、在中國其他省份碰到對台灣稍有了解的朋友，他們也很樂於對我模仿台灣腔裡的「眞的假的」、「醬子」這些用語和語音。這讓我因此萌生模仿和學習的興趣，我想知道在多大程度上我隱藏了原有的口音，還能被辨識出原生的身分？

實際上，可能囿於雙重族裔家庭的背景，我從小對語言和口音就非常敏感，以至於到了新環境、學習新語言，我總是不由自主地會被影響。回到部落裡，我習慣用帶有原住民口音的方式說話，與我的漢人朋友相處時又是一口標準的國語。因此，剛到北京不滿一個月，我的普通話口音就開始悄悄發生變化。

二〇一四年秋天，我因爲碩士論文的研究，前往四川的少數民族村寨進行田野預調查，當地是幾個政策中被劃歸爲藏族的村寨[4]，他們說的語言屬於西南官話，普通話只有在面對我時才會講。當時我住在村長的妹妹家，家中有個和我年紀相仿的男孩是我的嚮導，我們天天待在一起，他帶我在幾個寨子裡穿門走戶，做我的翻譯和報導人。有次我們在家一起看電視，中央一台正好播到了台灣的新聞，他轉頭對我說：「你說話和他們不一樣。」我很好奇，問他：「哪裡不一樣？」他說：「台灣人說話不像你這樣，你的普通話很好，的確很像北京來的。」我大感意外，後來在幾位寨子中的阿姨大媽口中，也獲

4　民族識別工程，是中國自一九五〇年代於全中國各地推動的民族政策。「民族識別」指的是對一個民族「成分」的辨識，採用的「民族」定義乃借鑑史達林的定義，旨在確認各少數民族的範圍、內容與邊界，一九八七年確認了五十五個少數民族。文中的「白馬人」尚屬於「未識別民族」，但暫列爲藏族，稱爲「白馬藏」。

得同樣一種評價，我才開始認眞看待這個意外事件。

四川人是南方省份，甚至全中國最具有辨識度的一群人，原因就是他們特殊的口音（當然，四川省裡根據不同地區也會有口音上的差異）。這群少數民族說起普通話，也帶有濃濃的四川腔調。而台灣人的普通話在他們看來是黏膩又不乾脆的，喜歡的人會說「溫柔」，聽不慣的人則會評以「娘氣」。經過我對自己的觀察發現，我在四川時的確有著盡力將普通話說得標準的傾向，有別於我在北京因爲面對熟悉的同學，我的台灣腔可隨意發揮，到了田野調查地，北京普通話似乎成爲了一種屏障，提供我較好的自信和專業感，讓我能在口音上證明自己「是從北京大學來的專業學者」，以獲得在地的一些禮遇和尊重。每當碰到當地老鄉，向對方說明「我在北京上學，我是台灣人」，獲得對方驚呼「你是台灣人？普通話說得很好啊」時，總免不了感到一陣竊喜。好玩吧？我騙過你們了——這種帶有惡作劇的心態。

過了一年，我再度爲了田野調查而啓程出發，這次的目的地是新疆。在新疆，普通話又有不一樣的腔調。新疆人口中少數民族佔了百分之五十左右，其中又以維吾爾族最多，哈薩克族次之。維吾爾語和哈薩克語同屬阿爾泰語系突厥語族，我曾數次見過哈薩克人與維吾爾人，以各自的語言交談仍暢通無阻的情況。新疆普通話也極具特色，他們習慣將每一句話的尾音上揚，又因爲哈語和維語的發音方式，與俄語、土耳其語有著極高的相似度，這些少數民族說起普通話多數帶著如同非亞洲人說漢語的腔調。新疆人還習慣將「啥」說成「撒」，「下」說成「哈」，諸如此類的發音加上混合了維語和哈語的普通話，起初讓我很難聽得懂。面對有著不同口音的人，我總會下意識想去配合對方，擔心若不共享一種口音，可能會造成無法順暢溝通的問題。這究竟是什麼原因？許多社會學和人類學的研究，都嘗試解釋語言所指涉的社會地位及自我認同，這些研究也都一致同意，共享一種口音的人實際上建立了一種社會分類的界線，他們用口音來互相辨識，也用口音排斥異己。

在四川藏區，我將自己矯正為字正腔圓還帶兒化音的標準普通話，無形中象徵的是我想要展現一種身分：北京大學碩士研究生，我希望通過這種展示獲得一定的重視和禮遇，這種企圖在面對當地鄉鎮單位的領導時格外明顯。到了新疆，我又因為自己突兀的外來口音感到無地自容，原先曾有過的自我定位又再次遭到挑戰，彼時的我想盡辦法消弭一切外來者的歧異性，或許也和我下意識強烈希望被這個地方接納的心態有關。我學他們將句末的尾音上揚，拾起他們話語間無意識的感嘆詞，模仿他們語句的排列邏輯……

因此也可以說，口音是我進入一個陌生地方進行探查的路徑。對我來說，在這個環境中，並不存在「無意識地說話」這種情況，該怎麼說話、用什麼內容說話、操持什麼樣的口音來說話，統統都是經過選擇和排序的，就像是有一隻看不見的手在幕後操縱。我們都清楚知道，每一種選擇都會形塑出不同的對話模式和人際關係，因此我便不停地轉換，像隻變色龍一樣隨著環境找出最適宜生存的法則。

●

當然，模仿口音和學語言不盡然是同一回事。除了因應不同場合用不同口音說話以外，我因爲研究的緣故，依舊必須學習一門外語：我所研究的新疆哈薩克族所說的哈薩克語。之所以需要學習的原因，首先最大一部分是來自於研究的方便性。你不可能下到田野後找個翻譯一天二十四小時跟著你，直到你的研究結束吧？對於短期的田野工作來說，當地的翻譯肯定是必需的，因爲很少有人能夠在幾週的時間就學會靈活使用一門外語。但當你需要待上一個月，兩個月，甚至是半年、一年的時候，學習語言就變成一件很要緊的事，除了生活能夠自理、研究能夠自主以外，用當地的語言和當地人交流，是拉近彼此距離最快的方式。

另一方面，人們在使用非自己母語的不熟悉語言，與人溝通的說話方式與行爲邏輯肯定也會有很大的變化——大家想想自己說英文和中文的差別就知道了。因此，一個好的人類學者，爲了貼近對方的思考脈絡和語言模式，學會說研究對象的語言是非常重要的。

我學哈薩克語的契機，是在新疆做田野時所肩負的一個小任務。我的田野調查地點在天池風景區裡的民族風情園，我住在其中一戶牧民經營戶的家中，自然要分擔一些家務勞動和生產活動。剛抵達的晚上，家裡的主人請我隔天幫忙照顧雜貨店。會來雜貨店買東西的人大概就是外地遊客和當地哈薩克牧民，由於這座民族風情園裡僅僅只有三間雜貨店，因此來客可說是絡繹不絕。最常來光顧雜貨店的客人，其實是風情園裡牧民們的小孩，他們喜歡成群結夥的來，手上捏著少少的零錢，纏著你詢問每一樣小零食的價格，太貴的買不了，大概五塊錢左右的零食是他們最常購買的品項。因此，「五塊錢」是我最先學會的哈薩克語單字，掌握了數字的文法語序後，我便順勢也學會說「六塊錢」、「十塊錢」等等。當我能開口說哈薩克語後，更多的哈薩克語理所當然地來到我身旁——「多少錢?」孩子們用簡單的問句取代了漢語，碰到我不知道的價格，我就會說「等一下」，然後走去後面的廚房詢問老闆娘。孩子們注視著我的眼神都帶著好奇，他們能夠輕易分辨出我的外來者身分，但不解我舉止自然地在這戶人家裡頭遊走，甚至用哈薩克語販售東西給他們。後來孩子們也成爲了我的小小語言老師，他們在學校學會說漢語，因此我總抓住機會問他們簡單的哈薩克語單字發音。

跟孩子學語言，是我進入田野以前沒有想過的情況，實際上，孩子們是我在田野中交往最頻繁的一個族群，這也超出我原先的想像。

剛去新疆的第一個月就碰上開齋節[5]，大家都會去親戚家裡走動拜訪。當時我住在朋友家，朋友的哥嫂帶我出門，開車到阜康市附近的鄉鎮村落，體驗了開齋節的熱鬧氣氛。在某戶人家裡，因為屋子悶熱和無法加入的哈薩克語談話，我百無聊賴地跑到外頭的院子瞪著番茄藤發呆。一個約莫六七歲的小女孩靜靜地靠近我，在我身邊蹲下，她說：「姐姐，你是台灣的高山族（中國稱呼）嗎？」我一聽瞬間有了精神，我說：「對呀，你怎麼知道？」「剛才在屋裡我聽見媽媽說了。」很標準的漢語，抬頭看，發現是個極漂亮的小女孩，睜著慧黠的雙眼盯著我瞧。「你還知道高山族的什麼嗎？」我問她。「知道，是不是還叫作原住民呀？我在書上見過。」哇，還讀過這樣的書！我內心對這小女孩的崇敬已經到達max值。我站起來，她跟著我的動作一起起身，拍拍屁股上的灰，接著牽起我的手：「姐姐我帶你逛一逛吧，這是我阿搭（哈薩克語的爺爺）的家，我可熟了。」我恭敬不如從命。

小女孩叫恩卡爾（Enkar），在示範她的名字發音時，她甚至張大嘴巴讓我看她舌頭的動作。我們把她阿搭的院子轉了一圈，她很耐心

---

5 這天是伊斯蘭世界的大日子，是全世界的穆斯林慶祝神聖的齋月結束，互相表達關心和情誼的節日。哈薩克人會在開齋節的前幾天就開始慎重地操辦一切事務，包含採買當天供客人享用的肉品和奶類以及各式乾果，他們還會親自炸上「油果子」，並且請阿訇來唸經祈福，只有唸過經的油果子才是能供應開齋節的食物。開齋節當天家家戶戶將門敞開，客廳的長桌上擺滿的都是招待客人的飲食，接著人們開始出去走親戚，一天可能要走上三四家，在這家被招待、喝了奶茶、吃了點肉，接著再前往下一家。

的告訴我所有農作物的哈薩克語，還在某次訓斥她的弟弟時，替我同步翻譯弟弟究竟做錯了什麼事情。我牽著小女孩棉軟又溫熱的小手，心裡覺得很溫暖。接著我們走出門，來到村子裡的一座清眞寺，我問她：「你來過這裡嗎？」她跑到門口張望了一下是否有人，接著把我拉到門前讓我能看得更仔細：「沒有，我跟阿搭來過，他來做禮拜，我不能做禮拜。」接著又像是突然想到什麼了一樣，很興奮地對我說：「姐姐，我教你怎麼打招呼吧！」她伸出手，示意我也伸出手和她交握，「這叫作 Assalamu alaikum（願你平安），你也要說 Walaikum assalam。」這個握手問好的動作，我來新疆後就頻繁地見到，是男人們見面時必定進行的模式，正因爲是日常生活中頻發的小事，我總羞於開口詢問，恩卡爾的教學無疑給予我很大的幫助，我便請她一再放慢語速，重複發音，直到她認證我說得標準。

原本和恩卡爾蹓躂只是想殺一殺時間，沒想到最後難依難捨的是我和她。準備上車回家時，恩卡爾跑到她爸爸面前央求：「我們明天去大黃山，姐姐也去，可以吧？」我在旁邊聽了有些不好意思，恩卡爾的父親對我笑一笑，回答：「姐姐很忙。」恩卡爾只好心不甘情不願的上車。

我開始體會到在田野中不同的對象，將會帶給我不同的反饋這件事。和孩子學語言有著先天性的優勢，他們懵懂且純善，不會因爲我再三的錯誤而失去耐性，也不會因爲社會化的客套而拉開距離。孩子似乎也不會因爲我和他們的語言鴻溝而心生嫌隙，他們待我如所有他們眼目所及的大人。

我在牧民風情園除了看管雜貨店以外，還有另一項任務，就是幫老闆娘姐姐看孩子。小嬰兒熱伊娜當時將滿一歲，還是吃奶和匍匐前進的年紀，姐姐忙於生意和家務常常無暇顧及，因此我就成了接手這項工作的最佳人選。我抱著她在風情園裡串門散步，懷中有這張王牌，牧民們見我都親切了不少，彷彿在我承擔起照護孩子的這項任務之後，對他們來說，我的生人氣息也正一層一層的剝落。娜娜很皮，是屬於看見什麼吃什麼的那種類型，因此我學了各種命令的祈使句：「不可以吃」、「不可以喝」、「不可以拿」、「回來」⋯⋯也學了諸如「乖寶寶」、「漂亮的孩子」這種哄誘孩子的慣用語。我的哈薩克語學習至此顯得非常日常化，我的朋友笑稱，你這簡直是家庭主婦訓練班，想想的確有道理。

有趣的是，某次週末下山和朋友吃飯碰面，席間朋友帶了家裡的小孩一起來，我也幫忙照顧著。小男孩不小心將湯碗碰倒，我自然地從口中冒出了一句驚呼感嘆語：「o-yi-bai-ya！」（類似於漢語的「我的媽呀」。）朋友聽見先是一愣，接著止不住地大笑：「你從哪裡學來這句的？這話只有我奶奶會說！」我的確是和奶奶輩的人學來的，照顧孩子經常會碰到這種突發事件，山上的大人第一反應都是這句感嘆詞，孩子們聽見，也會多少意識到自己做了錯事，我順勢就學了起來，也經常使用。這件事情成了我和哈薩克朋友們之間聊天的話題，他們每每提及這件事都還是樂不可支，直說一個好好的台灣姑娘到了新疆變成大媽了。不同的人教我不同的哈薩克語，我也在不同的情境中學到了不同狀況的哈薩克語，這對我來說意義重大。

我的哈薩克語學習進展也依舊和小孩脫不了關係。不在山上的時候，我住在山下市裡的朋友家。朋友加娜就是本地的哈薩克，她的兄姐都在本地結婚、成家、置產，加上她的母親家，我在阜康市堪稱狡兔三窟。加娜的姐姐阿依娜有兩個兒子，直接套句當地話——熊孩子。特別調皮搗蛋古靈精怪的是老二葉山，堪比小大人的智商和反應能力，就反映在他折騰人的工夫上，跟他相處可說是鬥智鬥勇。阿依娜和丈夫都是工作極爲繁忙的人，有時我也會在閒暇之餘充當保母，但一開始我就處於非常不利的下風，因爲葉山長得太可愛了，可愛到我常常失去所有原則，讓他在我頭上爲所欲爲。哈薩克族的小孩在正式上學以前說的都是哈薩克語，父母不會主動教漢語，身邊也鮮少接觸到說漢語的人。聰明的葉山發現我其實是聽不懂他說的話，因此越發大膽，對於我的一切指令全都充耳不聞，即便他能從語氣判斷我正在生氣或是管教他。爲此我相當煩惱，時常阿依娜出門前交代的任務我一項都無法完成，例如讓葉山準時喝奶，或是讓他下午四點睡午覺等等，而我連讓他乖乖換上睡衣都辦不到！

但在山上待了幾週，此時的我已經有了管教孩子的功底，加上微薄的哈薩克語實力，我逐漸發展出一套使孩子聽話的方法。葉山愛玩，特別是喜歡到住家樓下的小公園騎腳踏車，但阿依娜不允許他時常下去，因此只有我在的時候，他便會連哭帶鬧纏著要我帶他下樓。若我不從他的意，他就會作勢要穿鞋自己下樓。通常因爲無法溝通，我便只能順著他，否則將會換來更爲嚴重的哭喊災難；但後來我改變做法，我會在葉山跑去穿鞋時，用哈薩克語問他：「你要去哪裡？」他哭哭啼啼的向我講述他有多想下去騎腳踏車（這當然是我猜的，我壓根聽不懂），我耐心等他說完，接著回他：「不行。」於是他又會開始新一輪的爭取，我便直接說：「不可以，你過來。」他見沒有商談可能，就只好哭著回來了。這個方法百試不爽。

可能是我開始能說哈薩克語，讓葉山感到更爲親近的緣故，他比先前的時候都還要黏人；某次朋友請客在外面餐廳吃飯，吃的是水煮魚，海鮮對地處極內陸的新疆人來說是比較陌生的食材，因爲家戶中也不烹調的緣故，小孩對海鮮可說是敬謝不敏。坐在我身邊的葉山戒慎恐懼的看著那一鍋魚，不知從何下手。我舀了一勺，放到他的碗裡，一樣一樣指給他看，問他吃不吃，吃的就多拿一些，不吃的就放回鍋裡。此後我和葉山感情更好了。

回到北京，我仍然時不時喜歡對加娜說上幾句哈薩克語，這似乎成爲我和她之間的一種小默契，我喜歡以哈薩克語發音叫她的名字，而不是漢語音譯、較爲生硬的「加娜」[6]；在我們聊天談笑時，我也會用「ja-man-buo-la-de」（表示「禁忌」）親暱地訓斥她有些過頭的玩笑……

我曾經計畫去中央民族大學旁聽哈薩克語課程，但是去了一兩次後就怠惰下來。坐在教室裡，我腦海中總浮現的是那些活靈活現、讓我自然學會語言的場景，浪漫又深刻的經驗讓我失去刻板學習的耐性。但我又的確是非常想學會這門語言，我迫切地想要理解當地人在生活中一些無傷大雅的玩笑，甚至是當著我交頭接耳的一些評論；在山上的風情園時，老闆娘姐姐對我說漢語的音調和語氣是平穩凝滯的，但用哈薩克語談笑時卻精神充沛；當訪談對象無法理解我用漢語所表述的問題，和我無法理解訪談對象用漢語表達的內容時……這些都是我急需通過掌握語言這個工具達到的任務，我能感覺到有更多關乎我的研究，或是我所在意的事情的重大資訊，都富含在這些我所不

---

6 哈薩克語的「加娜」發音為 Janar，又會因為發音的方式不同區辨出「大名」和「小名」。

能理解的「知識」裡，而我卻一無所知。

是的，語言是知識。我在特殊的場合能使用它將自己擺放到某一個位置，在別的時候我又會因爲語言而被指認爲另一種身分。語言又是一種社會關係，它形塑的是一套社會網絡，和這個社群裡共同認定的行爲邏輯。

英國人類學家 Maurice Bloch 曾談過一個很有趣的例子，他在馬達加斯加島做田野時，很意外地發現當地人在從事農活時，會以殖民者的語言——法語來喝斥指揮牛隻，罵家裡的狗也是同樣情況。實際上，當地人的法語程度並不好，他們在日常生活中也不喜歡開口說法語。這引發了 Bloch 的思考，並進而去追查背後原因。通過他的考察，他發現，當地人會使用法語的時機，還有像是進行某些嘲弄性的談話，甚至鎭上的搞笑戲劇表演，都會指派演員扮演當地殖民政府的長官，以法語來演出角色。因此 Bloch 總結道，當地人說法語時，象徵著法語在當地形塑的權力結構——「說法語的人」就是權力的來源。因此或許是某種補償心理，或是結構複製的概念，當地人在看待「比他們下等」的動物，就會選擇以法語和牠們互動[7]。

在人類學的概念中，語言是個極爲重要的命題，通過我的自身經驗，我也非常深刻地認知到這個命題的廣度與深度。人們在說話時從來不會只是說話，不管是通過語言表現某種特質或狀態，甚至是以口音來建立某種藩籬，這都是自然又普遍的，以至於我們很難察覺它在我們身上的作用。馬達加斯加島的例子更生動有趣的指出，語言的使用邏輯與背景都經過有意識地選擇，我們是語言的使用者，同時也是體現「語言」深意的表演者。

---

7 對這個例子感興趣的話，可以去讀這本書《吾思魚所思：人類學理解認知、記憶和識讀的方式》，書中有很完整的解釋。

吃啥？怎麼吃？這是個問題

「這是啥？」
「那是啥做的？」
「就……可樂啊！」

●

想必有過旅遊或前往異地經驗的人，都感受過在想念一個地方時，通常最先想起的是當地的飲食。飲食是最容易複製的一種記憶，但同時也是最難被取代的一種認同。對於人類學者而言，「食物」同樣也是觀察一個社會及文化最直接的窗口。當人類學者初入田野，第一個且避免不了的問題就是飲食。當地人總會拿著他們最傳統、最富有人情味的食物來邀請你品嘗，可能會是內容物不明的自釀酒，也可能是你從沒見過的某種生物的肉，更有可能是你從未想過是可食的植物……每個做過田野的人類學者都可以對自己田野中碰過的食物如數家珍，這也是打開話匣子的最佳話題。人類學田野工作的傳世金句「同吃同住同勞動」，說明的就是食物在田野工作乃至整體社會生活中的關鍵地位。

我最喜歡的一道新疆菜就是大盤雞，是新疆（或可以說是中國西北）最爲著名的經典菜之一，在一些新疆餐館或學校食堂裡都可以輕易尋得。經典，好吃，但卻不一定好做。自認吃過最合口味的大盤雞依舊是在新疆，但不是出自什麼有名的餐館，而是阿依娜最拿手的家常菜色。二〇一五年春節我第一次去新疆，當時住在加娜的姐姐阿依娜家裡，姐姐為了迎接遠道而來的客人，就做了這道大盤雞給我吃，在那之前我只吃過北大食堂裡的大盤雞，雞肉略柴，土豆（馬鈴薯）都切得特別小。與熱呼呼的拉條子拌在一起，從此之後我便只認這一味。後來我再回去新疆進行正式田野調查又住到姐姐家，頭一天的晚飯時間，姐姐問我：「晚上吃什麼？」我有點羞赧，卻還是厚著臉皮說：「大盤雞。」姐姐有點愣了，因為當時已是晚間七點過後，現在做大盤雞那要幾點才吃得上飯！後來隨意煮了個麵，姐姐答應我明天中午就給我做大盤雞，反倒像是我一點都不客氣又太過任性了。隔天中午，姐姐果真早早從辦公室離開，帶著一大袋剛買的食材回家。早上出門前就叮嚀我先把青椒紅椒土豆洗淨，等到她一回來，廚房立刻就是香氣撲鼻、煙霧瀰漫的景象。我和阿曼、葉山[1]，三個嗷嗷待哺的孩子眼巴巴的坐在客廳等待。

阿依娜做飯時，我跟在旁邊看，也用眼睛學會了做大盤雞的方法。

基本材料很簡單，雞肉自然是必需，阿依娜的秘訣是統統選用雞腿肉，就不會有燒久變柴的問題；土豆、青紅椒務必切得大大的，吸飽了湯汁，咬起來口感超好。對土豆也有特別的講究，據我另一位來自北方的同學專業指出，適合做大盤雞的土豆只有北方的土豆，南方的土豆不經煮，一入鍋就化了，味道不行。再來就是各種佐料香料了，大盤雞的口味是辣中帶甜，還會帶點刺激舌頭的麻，所以上色用的白糖、增添香氣的八角花椒、帶來最重要口感的辣椒都不可少。不過這些我認爲都不是最困難的，眞正的技術是搭配大盤雞的那盤拉條子，也稱皮帶麵。形狀外觀大抵上像是寬薄的麵條，加在大盤雞上蘸

1　阿曼和葉山，阿依娜姐姐的兩個小兒子。阿曼葉山，合在一起就是「平安」的意思。

著湯汁一起吃。在新疆期間，我無數次見過阿依娜像變魔術一樣扯著那堆麵團，手掌一翻一合，就有源源不斷的拉條子從指尖變出，厚薄度還有麵條本身不規則的邊緣，都是能否吸取湯汁的關鍵，而阿依娜的拉條子和大盤雞就是絕配。很幸運的是，新疆菜對我來說幾乎沒有適應的問題，甚至可以說，我對新疆菜抱持著全面性的高度熱忱——大盤雞、拌麵、米粉、椒麻雞、丸子湯、烤包子、熏馬肉、煮羊肉（包含油膩膩的羊肉湯），還有油塔子等麵點，每每都能讓我夜半想到都流出口水來。時常聽聞許多人類學研究者進到田野裡，因爲飲食習慣不合而增添阻礙，眞要感謝父母生給我一顆愛吃、能吃又不挑吃的心靈。

然而，有兩件關於大盤雞的小事件，使我認眞地考慮到食物背後所隱含的複雜邏輯。有一次，我和同學相約去學校附近一間：以大盤雞爲主打菜的餐館吃飯，我正興匆匆的翻開菜單準備大吃一頓時，同學皺起眉，看著菜單說：「這飯館怎麼回事？怎麼能賣這個呢？」我湊過去一看，原來是烤豬蹄。我的這位穆斯林同學一下子就坐不住了，我們便離開了。後來，同學說：「那不是眞的大盤雞。」來源不可考，但我最常在網上看到的說法，是大盤雞源自新疆塔城地區，又以塔城裡頭的沙灣地區爲代表，因此也曾看過「正宗沙灣大盤雞」這樣的招牌字樣。若將這個發源地說法視爲眞實，加上大盤雞作爲新疆的經典菜式[2]，那麼，大盤雞＝清眞食品這個邏輯便也理所當然了。因此，我那位同學對於「非清眞食品[3]」和大盤雞擺在一起賣（甚至後廚有很大可能是通用的）感到生氣，也並不是不能想像的事情。另一件事情則是，當我回到台灣後，一位朋友對我說，台北有一家新疆餐廳超級好吃，也有賣我時常掛在嘴上的「大盤雞」，便邀我一同前去。我很興奮的去了，誰知敗興而歸。原因無他，那家店做的大盤雞沒辦法與我記憶中的大盤雞完美切合，甚至重現度可能不到一半。皮帶麵太硬、太厚，與湯汁完全無法融合，口感還很像是機器拉出來的；湯汁口味寡淡，還有一股滿漢全席泡麵的味道；還有那悲劇性、一夾就碎的土豆⋯⋯我對朋友宣稱「這不是一家眞的新疆餐館」，因爲他們連大盤雞都不會做。我以口味否認這家餐廳與新疆之間的關係，同學則以那家餐廳的「混亂定位」來作爲否定的依據。

是什麼決定了大盤雞是不是「大盤雞」？經歷過以上這兩件事情，我發現門檻遠比選對佐料、正確程序烹調這些條件還來得高。

●

我對許多的「第一次」都印象深刻。無論是對一個城市／地方的初見印象，吃下陌生食物的第一口感官體驗，或是對一個人的第一眼……我堅信那是一種由過往經歷綜合現下初次刺激而產生的珍貴體驗。新疆廣泛的在文化衝擊和最細微的生活習慣裡，給了我很多「第一次」，包括在我尚未眞正抵達的時候。

我剛到北京的第一個十月就是古爾邦節[4]，北大校園裡的一間（也

---

2 必須保守地說大盤雞是新疆的經典菜式，而不是唯一代表新疆的菜式是因爲，在內蒙、寧夏等少數民族地區，也有盛行大盤雞這道菜餚。做法上基本相同，只是可能有些許的地區性差異。

3 「清眞」，在阿拉伯語稱 Halaal，意思是「合法」、「允許」的，也在廣義上指「符合伊斯蘭教規的」一切事物，例如非不可食之物（如不吃豬）、符合伊斯蘭教宰殺與烹調規則（如宰殺前須對其進行祝禱）的食品，便可稱作清眞食品，也可以「清眞」來指涉一切符合教規的生活方式，言語、行爲、衣著等。符合清眞規定的餐館會在外面掛上相應的牌子。又，雖然並不是每一位「新疆人」或是維吾爾族、哈薩克族等少數民族就一定等於穆斯林，但在新疆依舊是以清眞餐廳爲大宗，因爲非穆斯林也可以進清眞餐廳吃飯，反之則不然。

是唯一一間）佟園清眞食堂，每年都會在古爾邦節舉辦流水席餐會，讓遠離家鄉的穆斯林同學也能享受過節的氣氛，大吃一頓。加娜和（對土豆格外重視的穆斯林同學）璐岩邀請我一起過節，我就樂陶陶的一塊去了。到了佟園，狹小的食堂裡擺了兩條長桌，上面滿滿擺著吃食：羊肉串、骨肉相連、抓飯、炒烤肉[5]等等，在餐前阿訇[6]的祈禱之後就可以用餐。初次參加「異教」過節的餐會讓我格外興奮，跟著同學們拿取桌上的吃食，每放進嘴裡一樣就要問一句：「這是啥？」「那是啥做的？」桌上食物被掃蕩得差不多了，看見門口餐檯上擺了幾排紙杯裝著的深色飲料，我過去也拿了一杯，同樣問了一句：「那是啥？」不料，同學們看看飲料，又看看我，露出有點複雜的表情，說：「就……可樂啊。」竟然只是可樂！我忘了當下究竟是羞愧尷尬還是被自己蠢笑，只記得自己有點窘的罵道：「誰知道你們穆斯林也喝可樂！」這當然是一句故意帶著偏見的玩笑，以顯示實際上是我對異文化理所當然的認知誤差，認為「他們和我是完全不一樣的人，所以他們的一切一定都和我認識的不同」，在那個當下，一個充滿異文化色彩的餐會上出現「可樂」這種飲料，使我大感吃驚，在觀察和體驗的同時，一些或大或小的衝擊也加深了這種印象。

還有一件有趣的事情，是關於「吃土」。年輕人很流行以「吃土」形容沒錢的窘況，與「喝西北風」同義。在我各種網路社群平台上，

4 古爾邦節又稱「大節」，是伊斯蘭教的重要節日，在伊斯蘭曆每年的十二月十日，麥加朝聖過後。

5 這頓宴席通常擺出的並不是傳統上穆斯林過節會吃的食物，但必定是符合清眞規矩的食物；傳統上穆斯林過節必定會吃油炸的麵點（如油香）和羊肉，我猜應該是這些食物準備起來比較麻煩，所以以較為簡便的食物來代替。

6 意思為「老師」或「學者」，是對主持宗教事務的人員之稱呼。

包含和朋友的實際對話中，很容易就出現「吃土」這兩個字，「下個月繳完卡費就得吃土了……」「買了這雙鞋子我到月底就都準備吃土吧！」「我哪有錢，天天都吃土……」但我在新疆，還真的吃到土了！

那是一個很平常的光景，我和加娜還有她的母親去逛街。在哈薩克族人開的小雜貨店裡，看到貨架上擺了一個盒子，裡頭用小的透明夾鏈袋裝著一塊一塊狀似白色石膏的東西，我拿起來問她們這是什麼？得到的回答是「哈薩克斯坦的土」。見我有點疑惑，加娜又補充一句，「吃的」。我立刻買了一包。她們告訴我，這是一種哈薩克白土，許多哈薩克斯坦的小孩都會拿來當零食，新疆也不少。吃起來的口感確實也還不錯，帶有一種韌勁，不會太粉，我反而有點愛上那個味道。後來我發現，在非洲、拉丁美洲的一些地區和國家同樣也有這種吃土的習慣，白土尤其常見，當然也有黑土。但可供食用的土也並非我們隨處可見的土壤泥巴，而是需要挖開土層，取幾公尺以下的特定岩層的土壤，再經過過濾、淨化等，才是最後的成品。這種吃土的習慣甚至不是一種特殊文化或是經濟情況下的例外，試著在網路上搜尋「哈薩克白土」就可以發現，有不少報導與文章都在討論這種遠超出一般人知識的「普遍現象」[7]。這些報導與相關內容較多圍繞在吃土對身體的益處，以及所食之土並非人們想像的那般不衛生，更不是處於經濟弱勢的人們採取的補償性食物的概念。

吃的是「什麼」，又爲「什麼」而吃，看來是比想像中還要困難一些的問題。

---

7 許多醫學相關的文章報導都刊載過吃土的社會情境及其與生理健康的關係，例如這篇〈對哈薩克兒童吃白土習俗的認識〉（《中國民族民間醫藥雜誌》，二〇一二年第九期）；紀錄片導演 Adam Forrester 也拍過一部紀錄片《吃白土》（*Eat White Dirt*）來討論吃土這件事情。

我很喜歡的一部BBC英劇，叫作《Downton Abbey》（唐頓莊園），故事發生在一九一〇年代英國約克郡的一座莊園，主角自然就是這個莊園的貴族家庭及其相關人物，整部劇總共有八季，劇中人來來去去有生有死都不用提，有趣的是用餐場景極其多，通常也總是一些劇情高潮和轉折發生的所在。這部劇的歷史調查十分嚴謹，配有一位英國劍橋大學專門研究皇宮貴族史的歷史學家擔任顧問，因此用餐的場景相當程度重現了當時貴族家庭（唐頓莊園的主角家庭爲伯爵層級）繁瑣複雜的餐廳禮儀。舉凡刀叉如何擺放、椅子與桌子之間的固定空隙、僕人的階級決定了誰可以侍奉主餐誰又只能侍奉佐料、與鄰座人交談的順序……種種現代人無法理解的規矩都充滿在這座餐廳中，而非身處其中的人無法輕易察覺這些秩序。在《Downton Abbey》。的幕後製作花絮影片中，這位歷史顧問就對於這樣的秩序做出了解釋，他說：「我們之所以在用餐的場景下這麼多工夫，是因爲他們的餐前祝禱。這個祝禱的儀式將晚餐視爲上帝的餽贈，所有這些繁瑣的禮節、奢華的炫耀，都反映了他們是如何想方設法來實現一種近乎完美的、合乎道德的（moral approach）生活方式。這種無可挑剔的禮儀是在展示道德的正確。」這段話其實就是在說，這樣嚴格的教條與不可變動的規則，象徵的是上層社會的道德責任與神聖性，首先賦予上帝至高無上的給予，接著再用繁文縟節來鞏固，因此，若對規則進行毀壞，那道德高度與神聖性則必然消弭。

在我的文化背景與成長經驗中，也有類似的事情。我的家族是魯凱族的頭目階層，祖母在我出生時給予我的名字，就決定了我在這個文化中的位置和角色[8]，雖然幼時我們就住在都市，沒有太多原鄉生活的經驗，但是我的父親依舊自然地在生活中展現出文化的樣貌，吃飯的規則就是其一。從我有記憶開始，只要我有機會去同學、朋友家作客吃飯，父親總會耳提面命的叮囑：「不要吃飽，客氣一點。」我原先都當作是一種禮貌和社會化的規訓，直到後來長大，和父親聊起此事，聽到的解釋是：「我們（頭目貴族）出去吃飯，不會讓別人看起來很著急，一定表現出很從容的態度，你很不客氣的吃，人家會以爲你家裡沒東西吃。」母親在一旁補充說明，說直到現在，他們倆一起出去赴宴、吃喜酒，父親鮮少殷勤動筷，大都是了解如此文化脈絡的母親[9]在旁替他夾菜。即便在餐桌上沒吃飽又如何？重要的是展現的姿態與背負的身分。

到了北京上學以後，我也在吃飯的場合受過最多的規訓和教導。我的師門，就我當時北大同屆的同學而言（因爲不清楚更多老師們的風格），是屬於喝酒比較狂放的類型。所謂的比較狂放，就是連女學生都會被要求喝高酒精濃度的白酒，如二鍋頭、茅台、五糧液等，相較於其他師門，可能頂多就是紅酒、啤酒，我的師門大概是眞眞配得上傳說中北大社會系的精神——「學風正，酒風剽悍」。

我們師門有個規矩，叫作「入門敬三杯」，也就是剛入門的學生都要給老師以及師兄姐們各敬三杯，但因爲這個門檻實在讓不慣喝白酒的人無法招架，所以後來只能勉強帶過；因此一不小心在飯桌上練出酒量的我，和原先酒量就不錯的加娜，便成了老師的酒桌愛將，偶爾還需背負「梁瑜，去把你師姐們放倒」的任務。在我有限的生命經驗中，酒都是跟親人、朋友喝的，即便是以前曾參與過工作場合的酒

---

8 在魯凱族的傳統裡，孩子的名字通常是由祖父母輩來取，是一個愼重的命名儀式，會因孩子所處的社會地位（貴族或平民）來嚴格選名，據我父親說，我的祖母將 Maleveleve 這個名字給我時，說：「這個名字很好，是我們（頭目）的名字。」

9 我的母親並非魯凱族，而是漢人。

會，也都是以比較西方的聯誼形式進行，所謂的推杯換盞、觥籌交錯，我竟也是在北大學會的。

剛開始我不懂該如何參與，我愣頭愣腦地被老師點名了就悶一杯，再被點一次就又再悶一杯，飯桌上的師兄姐都笑我把白酒當水喝，唯有老師越看我喝越樂。後來，我開始學著按照飯桌上的「輩分」，安排自己敬酒的順序，因爲我是碩士生，大多數時候輩分都最小，所以等到校外畢業師兄姐、博士師兄姐都敬得差不多了，我和同屆同學、師弟妹就要趕緊接上，不免俗再說一些敬酒詞，通常不外乎還帶上一句「老師，我乾了，您隨意」，然後酒杯一豎，乾淨利落。

記得研一剛開學的聚餐，也算是我的拜師宴，老師在幾杯酒後問我：「你們原住民是怎麼喝酒的？」他問的是原住民的酒文化與飲酒禮俗，我有點羞愧地說，我不知道。老師乾脆的說：「不知道沒關係，今天開始我就是你父親，我代替他教你！」這話彷彿就替那頓拜師宴定下了深刻的意義與社會性質，從那天開始，在「入門酒」之後，如師如父。這樣的酒桌文化，看似比較迂腐，但也是在這樣的場合，一種「擬親」[10]的社會關係被眞實地建立起來。

我們師門習慣在飯桌上談事，談事的意思就是，老師會將近期學生們的問題提到飯桌上來討論，無論是學術的或是生活的，除非是情況特殊，實在需要刻意保密，否則按老師的意思是，「沒有什麼事情是桌上不能談的」。聽起來像是帶有強迫性質的「公開自白」，實際上也並不是；你仍舊可以挑選你願意在飯桌上分享的話題，而我驚訝地發現，酒桌在這裡不僅僅是社交展示場，也是交換知識和情感的所

10「擬親」關係就是指以親屬的稱謂來稱呼沒有血緣關係的人，將對方網羅到以血緣爲前提的人群網絡中，以對待親屬的方式待之。例如稱呼無血緣關係但親近的他人爲「哥」、「姐」。「擬親」也是人類學者在田野中時常獲得的一種社會性關係。

在。我們在飯桌上談論中國年輕人心智過於老成的問題，傾吐在田野中遭遇的挫折；帶著一點酒勁聽老師批評後現代主義的虛無、替不勝酒力的師兄擋下一滿杯的貴州茅台……有數次在酒酣耳熱之際，我和老師聊起一些認真又嚴肅的學術問題，一些平常怕被嫌愚笨呆蠢的問題，藉著氣氛一口氣講出來，老師自然也傾囊相授。隔天早上起床，一睜開眼睛，回想起昨晚酒桌上的事情，立刻連滾帶爬跳下床，把昨晚來不及記下的全部回想一遍記錄下來。這樣的情況層出不窮。

●

人類學總是因爲包羅萬象的研究課題與興趣，被大眾所疑惑：「這個學科到底是什麼／想談什麼？」而人類學啓迪我的知識與思考，若在飲食的場域中來考量，則會具體化成幾個很簡單的問題：吃什麼？誰吃？怎麼吃？在哪裡吃？爲什麼吃？通過對這一系列問題的探究，人類學可以得出關於這個研究對象的部分解釋。這樣的解釋固然不只是單純解讀「吃」，而是以吃爲圓心發散出去，來認識整個社會。於是，話題又要轉回新疆。

中國西北的少數民族嗜喝奶茶，這種奶茶是以口味上較爲清苦的磚茶（又稱茯苓茶）與新鮮牛奶混合燒煮而成的，因此口味上屬於茶澀味比較重的飲品[11]。奶茶是一種再日常不過的飲品，在我研究的哈薩克人社會中可說是無處不見。哈薩克人說，「無茶則病」，又說「寧

11 關於新疆的奶茶，可以見我早前在「芭樂人類學」發表過的文章：〈沒什麼事是喝一碗奶茶不能解決的，如果有，喝兩碗〉。

可一日無食，也不可一日無茶」。哈薩克人愛喝奶茶不是沒有原因的，因遊牧時代，牧區地廣人稀，每頂氈房之間距離遙遠，離家前需喝足奶茶補充熱量，到別人家作客時，主人也會先燒煮奶茶作爲招待，接著再煮肉做飯；又因處在牧區或高寒山區，很少有機會吃到蔬菜，奶茶可以幫助消化，人體中所需的某些維生素與微量元素也通過茶來補足；冬季漫長，需要奶茶來禦寒、補充熱量，夏季炎熱，喝奶茶可解暑驅熱。總之，奶茶在哈薩克人生活中幾乎是唯一的飲品，而且公認的功效簡直包羅萬象，我在田野的切身體驗是，當身體微恙或是前一晚睡不好，我的哈薩克媽媽就會說：「來，喝茶。」有什麼事，喝碗茶就沒事了，這是哈薩克人的生活智慧。做田野的期間，我從來沒有一天少過奶茶，一天的奶茶攝取量以五碗起跳。早飯是奶茶配饢或其他麵食小點，午飯後是下午茶時間，晚餐之前可能還有一頓茶，到了吃完晚飯、睡覺之前，也有睡前的 tea time（他們竟然不會因為喝了茶而睡不著覺）。我和奶茶的關係，從最初的喝，到學會喝，到之後參與煮的家務勞動，一連串轉變也直接映照了我在田野中的各個角色位置。

哈薩克人有著極為尊重、禮遇客人的文化，在傳統遊牧時代，只要是氈房以外的人便都是客人，無論親疏遠近，你的出現就代表了必須被款待的義務。認識的哈薩克老師說，在一片大草原上，你一定是騎著馬、走了很遠的路來到我家，我怎麼能夠不好好接待你呢？務必讓客人喝足奶茶、吃飽肉，有了足夠的休息，再送他上路。這是草原的規矩，如此待人，之後你便也擁有被如此善待的資格，若你不持續參與這個「交換」網絡，便會招人非議。以客為尊，是哈薩克文化中極為重要的一環。

初入田野，我也享受了這樣的待遇，以喝茶為例，我的座位永遠是在炕上餐布的頂邊，也就是靠近氈房最裡面的方位，那是最為尊貴的位置。坐在那個座位彷彿被數盞聚光燈打亮一般，眾人的目光皆會聚集在我身上，關愛的不停替我加滿碗中的奶茶，鼓勵我多吃一點，將乾果零食擺在我面前。若我是地方政府的領導或是前來視察的長官，面對這樣待遇應該會很高興，可惜我不是，久了便羞窘於這般的體貼。直到在田野的家人習慣我的存在了，我便悄悄移動位置，把主位還給家中的男人和長者。我不是遠道而來、尊貴的「客人」，我想成爲這裡的一分子。

我主要的觀察點在新疆天池景區的山間地帶，那裡是當地哈薩克人的傳統牧場，現今以經營旅遊業維生，我寄住在其中一戶人家，平時也幫忙維持生意。成爲家戶一分子的重要關鍵在於參與家務勞動，我不懂得怎麼做手抓飯，也烤不出好吃的羊肉串，只好從煮奶茶幫忙起。在城裡與哈娜依媽媽一同生活，她已經教過我奶茶的煮法，我想就只需依樣畫葫蘆照做就行了。誰知經營民宿的吐爾遜奈姐姐手腳過於利落，很多時候我尚未插手，她就已經完成作業，加上家裡還有一位幫忙勞務的女孩巴合達爾，最後我總是只剩鋪餐布、從冰箱拿出饢及奶油和布置餐具的份。在安置這些物品時，我便默默佔據了平常屬於吐爾遜奈的位置——茶壺與盛裝牛奶的大碗旁邊——順其自然的將每一個茶碗斟滿奶茶，再按照座位次序遞給家人。一開始有點害羞，不曉得他們會怎麼看待我的行爲，是覺得踰矩呢，或是高興呢？但當男主人喝盡碗中最後一口奶茶，再將茶碗遞回給我時，我覺得我應該是過關了。

人類學研究者進入田野、遭遇他者，不諱言的，不管是在專業裡或是外界的想像中，總會有能夠「成爲他者」的浪漫期待，通過與當地人通婚、皈依研究者的宗教、參與研究者的社會實踐（如研究抗爭運動的學者也成爲運動中的一員）等等行爲，好似就能到達那個比較文化的彼岸，眞實地穿戴起他們的認同，了解他們的思維與價值。在我因爲會煮奶茶而有點沾沾自喜的同時，也是我某種程度上滿足了「成爲他者」的目標。但是，或許人類學眞正的目的也並不是要使每個人都有成爲他者的能力，在自我與他者之間穿行、跨越的彈性，才是我透過奶茶轉變身分而該獲得的最終意義。

北京時間　新疆生活

「有的時候好像看得見自己恍若一只轉個不停的陀螺，
置身於一個充滿樹獺的世界——
你覺得他們慢，其實那是因爲你快。」

●

「那我們約明天中午十二點？」「等等，你說的是新疆時間還是北京時間？」這是我與玫在約見面時的對話。最後我們協議好以新疆時間十二點——北京時間下午兩點——爲碰面時間，因爲「太早去大巴扎沒飯吃」。

北京與台灣一樣，過的是GMT標準時間東八區（GMT+8）的時間，而新疆位處中國西北，若以公路距離來算，北京到新疆約三千一百八十三公里，而美國東岸紐約到西岸舊金山的距離則約是四千六百七十五公里，可以試著想像此種距離。因此，版圖遼闊的中國境內必然會同樣面臨多重時區的問題。一九七一年正式確立全境爲北京時間之後，乍看似乎解決了這個問題，然而時間是人在過的，在新疆日常生活就有著因應的彈性做法。

在新疆，公眾場合舉凡車站、行政部門、學校等等，展示的都是北京時間，而新疆時間若按照GMT標準時間的量尺來計算，應是東六區（GMT+6）的時區，意思也就是新疆時間比北京時間慢兩個鐘頭。兩個鐘頭看似不多，然而卻恰恰好將新疆人的日常生活與北京時間分離開來。

單以太陽升起落下的時間來看，北京七點天亮時新疆依舊繁星點點，而傍晚六點孩子們早已放學，在家用卡通配晚餐時，新疆孩子們尚未離開教室。在新疆，晚餐八九點吃都是正常的，小孩能在外頭公園玩到晚間十二點，即便被帶回家還能看見奶奶「大半夜的」在看以哈薩克語配音的韓劇。新疆的夏天日照特別長，這個長度的概念，對於在新疆過新疆時間和北京時間的兩群人來說，也有不同的體會，過北京時間的新疆人（基本是漢族人）等於一天硬生生多出兩個小時的日照——在炎夏時節，新疆的天黑時間大約是北京時間的十點半之後。我曾在同在新疆做研究的朋友的分享[1]中，看過他與在新疆打工的四川民工的談話，那位民工對朋友說，不打算在新疆待了，要回家去；朋友問他，爲什麼呢？那位民工回答，這天太長了，做不下去

1 謝謝我的朋友趙陽的 Facebook 記錄。

了。在這些民工眼裡，凡是有日照的時間恐怕都是上工的時間，因此新疆夏天的長時間白晝，簡直像是大自然聯合資本家共同剝削他們。爲政權統治與管理方便的全境統一時間，在這個遙遠的「版圖邊陲」地帶展現了不同的意味。

●

「時間」是一種被賦予的概念，在科學技術尚未一統世界以前，以不同形式和邏輯存在於不同的文化與社會中。許多人一定都有一種體會是，「快樂的時光總是過得特別快，而痛苦的時間總是緩慢地流逝」，這句話說明的大概就是時間的「可感知性」，也就是說，有的時候人們傾向於用身體經驗來感受時間，而非刻度化的計時。時間之所以能成爲時間，也就是它被賦予的數字對照，同理可證的還有年齡。年齡作爲一種更長時段的時間，標記的正是所處的社會，期待每個個體應該擁有的秩序和分類。也正因如此，對現代人來說，時間是可數和有限的，所以我們會認爲做某件事情「浪費時間」、我們需要「把握時間」、我「沒有時間」去做某件事情。我們把時間當作可利用的資源，呼應的就是這一套被規定的時間符碼：一分鐘六十秒，一小時六十分鐘，一天二十四小時，一週七天，一年三百六十五天……而人們的日常生活和社會實踐也都圍繞著這些時刻展開，早上八點上學，傍晚六點下班，十八歲法定成年可以投票，三十歲還沒結婚代表人生失敗……如果時間不是這樣一種被累計和數算的概念，人們的生活究竟是什麼模樣？

許多人類學的研究旁敲側擊的回答了這樣的問題。舉例來說，在非洲南蘇丹尼羅河流域的努爾人（Nuer），過的時間是牛日子裡的「牛鐘錶」時間[2]。努爾人特別重視牛，在資源有限的生態環境中，牛能夠供給他們絕大部分的日常所需，因此，努爾人的生活便是圍繞著牛的作息：努爾人所居的地貌與氣候隨著牛的需求而調整，生活作息也必須符合牛的習性。人們不會以「下午四點」來決定出門的時間，而是「等牛在外面吃完草」的時間。著名人類學家 Evan-Pritchard 用一段話來總結努爾人與現代人的時間差異：

……努爾人並無任何對應於我們語言中「時間」一詞的詞句，因此，他們不能像我們那樣談論時間，好像它是實際存在的某種東西，可以流逝，可以浪費，可以節儉等等……他們不曾有過與時間競爭或者必須把活動與抽象的時間推移等同起來的情感體驗，因爲他們的參照點主要就是這些活動本身，而這些活動一般來說具有一種緩慢從容的特點。由於沒有任何活動必須精確遵從的自主性的參照點，各種事件都遵循一種邏輯順序，但它們並不受一種抽象系統的控制。[3]

這種「不按表操課」的時間觀念在許多文化中都可發現。

我在新疆做田野時，最常碰到的阻礙和挫折就是，我太常被放鴿子了。前一天說好的時間，到了當天會「自然而然」的不算數，當事人面對你的質問，也不會有爽約或是不遵守承諾的罪惡感，對他們來說，以時間爲基準的承諾好像原本就不帶有效力一樣——這是我一開

2 參考吳世旭，〈牛日子裡的牛「鐘錶」：「努爾人」的一種讀法〉。收錄在《中國人類學評論》第二十二輯。

3 埃文斯—普里查德，《努爾人：對尼羅河畔一個人群的生活方式和政治制度的描述》，二〇〇二年出版。

始的猜測。對習慣了現代時間觀念，進田野還帶著巨大焦慮感的人類學研究生來說，這是很痛苦的一件事。某次我在早中晚各個時段都約了訪談，直到當天結束卻一個人都沒見到。我也時常聽聞去過印度旅遊的朋友抱怨印度人極度不守時，「不守時」在普遍印象中，便直接與「低效率」、「不自律」、「落後」等價值觀連結在一起。人們似乎把「時間」以及其刻度的性質，當作一種理所當然的概念，不禁也把這樣一種充滿效率和積極的時間觀念，與順應自然節氣和生物節奏的時間觀念對立了起來。

這種對立又似乎互相競爭的兩套時間觀，同樣發生在台灣國定假日與原住民傳統祭儀之間的矛盾上。台灣原住民如同努爾人以順應自然的方式，運行著他們的生活與宇宙，由太陽和雨水來告訴他們何時應該慶豐收，何時又應該將來年的種子播下。以此衍生的各項祭儀便無法受刻板日期限制，因為沒有人能準確預測自然。這樣的時間觀同時展現了對自然的崇敬和臣服，卻也被科學主義所覆蓋了。

提到遊牧民、遊牧文化，人們也直覺地認爲遊牧是一種「無時間感」（timeless）和「空間不確定」的活動，好像遊牧就是居無定所、隨時到處移動的狀態。實際上並非如此。遊牧民不會以精確日期決定何時轉換牧場，如同台灣原住民一樣，而是提供他們生活所需的大自然，會以各種跡象「提醒」他們，不同的季節停歇在不同自然條件的牧場。

面對這飽含故事與多元性的世界，我們卻輕易地只接受某一套刻板價值，進而以「進步」或「落後」簡單地分類、指涉自己和他人。

在新疆，喝茶也是我體驗時間的另一種方法。在前一章有提過，中國西北少數民族基本皆有喝奶茶的習慣，就我做研究的哈薩克人來說，他們喝起茶來的從容自得更稱一絕。

我住在阿依娜姐姐家，阿依娜在北京時間早晨十點上班，下午兩點午休至四點，接著再回去上班至晚上八點。不需要遵循北京時間、較為自由的牧民們，則是按照身體時間來過生活。因此，喝茶的時間也在這兩套時間規則中有著不同的標準。住在阿依娜家的時候，我們通常會在三、四點左右喝茶，但為了趕上下午班的時間，那種喝茶就不如我在其他地方來得悠哉，忙碌起來，阿依娜便會叫我自己煮茶給孩子和自己喝，她得匆匆趕回單位。而住在阿依娜的媽媽——哈娜依阿姨家，或是到山上牧區與吐爾遜奈姐姐住在一起時，喝茶的時間就會變得極度充裕且富有延展性。沒有人會告訴你何時要喝茶了，也不會有人像邀請你吃飯那般的吆喝你來喝茶，你得觀察。

無法確定是誰先開始第一步動作，當你察覺到喝茶時間即將來臨，通常是看見家戶中的女主人到廚房把水燒上、取出冰箱中的饢及其他搭配的麵食（如巴爾扎克）或各類乾果穀類（如葡萄乾、大棗乾和核桃，豐盛一點的話還有炒米與炒麵），將餐巾布鋪上炕——炕上可能已經滿坐著家戶中的男人或長輩，接著把沖好的奶茶放置到餐巾布上。但這並不代表在 tea time 以外的時間哈薩克人就不喝茶了，只要家裡來了客人，女主人必定會去燒茶，而燒上了茶，按照我的觀察與推論——顯示這段談話不會即刻結束。在一碗又一碗的奶茶之間穿插家常的談話，哈薩克人的慢悠自得彷彿時空凝結，好似就此坐在這塊餐布邊，捧著茶碗一整天也無妨。這種喝茶的氛圍和傳統中國人聚友品茶很類似，差別在於哈薩克人並不會特意去「品茶」，因爲大同小異的煮茶方式和相同的素材，使得煮出來的奶茶可能只有濃淡、顏色的差異，而這種差異也僅僅代表著區域性的習慣不同而已[4]，因此品茶並不是重點，重點只在於喝茶是一個聚集的行動，一個社會性的行動，它必須以集體的方式進行，是遊牧民族生活的高度凝聚力和逐馬羊而居的自然時間，使得這樣無邊際的 tea time 成爲可能。

當然，這種生活美學也是在歷經種種無奈和自我勉強後得來。有的時候，好像看得見自己恍若一只轉個不停的陀螺，置身於一個充滿樹獺的世界——你覺得他們慢，其實那是因爲你快，他們的速度可都是一樣的。

在山上的時候，我住的地方雖稱爲「牧區」，但實際上是一座國家級的風景區——天山天池景區。此地是當地哈薩克族人的傳統牧區，隨著一九八〇年代中國推行民族旅遊與地方發展經濟，被捲入了現代化經濟模式的版圖中，國家在這裡建起風景區，把旅遊業的大旗交給他們，收回腳下所踩著的草場使用權。從那之後，天池景區內的哈薩克人爬下馬背，拿起計算機，將氈房留給欲體驗異文化的遊客，做起世世代代祖先們不解也不願爲伍的商人[5]；由於經營旅遊業，當地哈薩克人的生活節奏也跟隨遊客的疏密淡旺擺動。

從每年的四月回暖至九月漸寒，可以說是新疆最美的時候，天池像面閃閃發亮的大鏡子，倒映了全中國乃至國際的遊客。在忙碌於旅遊接待的季節中，山上的牧民像鐘擺一樣，在時間點與時間點之間做著固定的事情；早上八點起，大約十點之前，從山間的風情園往下走八百公尺到達天池主景區，大天池池畔，由旅行團統一帶上山的遊客群大約會在這個時間抵達，做生意的哈薩克男人穿著容易被辨識出來的服裝——牛仔帽、充滿哈薩克風情的毛氈背心[6]——向遊客攀談，詢問是否需要午餐或是其他旅遊服務。午餐尖峰落在中午十二點到下午兩點之間，兩點之後，大約也沒有客人需要吃午餐了，男人們就會回到風情園，這才是我們用午餐的時間，當然，若客人太多，延遲吃飯也是必然的。然後稍作休息，大約四點可能又有一波遊客潮——需要晚餐或是在氈房住宿過夜。山上營業時間大概就是早晨十點至晚上八點，遊客們跟隨旅遊指示和旅行團的節奏，牧民們則跟隨遊客的旅遊節奏。

經營旅遊業的時間與傳統遊牧的時間似乎截然不同，但又在某個點上大致相似。遊牧文化，一般被人們以「逐水草而居」一言蔽之，似乎在人們的想像中，遊牧民就是騎著馬，追隨著不定的大自然，以天地爲穹廬，充滿浪漫的居無定所。在這樣的想像中，時間被視爲一個最不穩定的要素。回到前面所談的努爾人，或者是以原住民時間來運轉的台灣原住民，又或者是不守時的新疆人，時間於他們都像是獨

4 並不是說哈薩克人對奶茶的口味沒有要求，牛奶的新鮮度和好壞仍然可以很大程度地決定奶茶的味道，也有一些人特別偏好「煮出來會有一層厚厚奶皮子」（即牛奶加熱後的上層薄膜）的那種鮮奶。

5 在傳統哈薩克人的價值觀中，商人是屬於道德低下的一種職業，他們將物品以「不符合原初價值」的價格賣出，賺取中間的利潤；在傳統哈薩克人的觀念裡，服務業販賣的「服務」與「款待」是他們與生俱來必須以禮相待的東西：凡是外來者皆是客人，必須將其視爲最尊貴。哈薩克人蔑視商業的此種文化邏輯，也影響到他們看待其他周邊少數民族的方式。

6 這樣的打扮是當地天池管理委員會所要求的。

立於「標準時間」之外，不具有約束力，也不可量數。經營旅遊業的牧民們，在半年的旅遊旺季結束後，彷彿又從規律的鐘擺形式回到了極具張力與彈性的遊牧時間。我的主要田野調查集中在夏季，冬季時我曾兩度回疆，在漫天大雪中與牧民朋友窩在炕上，烤著火、喝著奶茶，隨意地聊起冬天稀落的生意，和來年春天的規畫。我在新疆學習體驗一種時間之外的時間。

●

在新疆度過的時間無疑是漫長的。不同的季節中，時間消磨在交替著的日日夜夜。田野裡，我彷彿失去了原本遵行的刻板時間，時間的節點變成早茶、午飯、午茶、孩子午睡、圖書館關門、晚飯、晚茶，等待落日，接著結束一天。在山上的日子更是綿長得彷彿沒有盡頭，初來乍到，我曾積極地鋪陳身爲研究者的工作職責，今天約一個訪談明天再約一個訪談，最後發現，我那些帶有目的的談話，都會被消化在日常生活的縫隙中，刻意的來訪反而無功而返，一起悠閒的飲下一碗又一碗的奶茶反倒是開啓話題的鑰匙。原先像是兩套時間體系的彼此競爭，如同科學試圖壓倒神秘、理性不免排擠感性，現代與前現代的不可相容那般，不是我被不屬於我的時間邏輯消融，就是對方爲了我而改變節奏。而這兩者之間是否眞的具有巨大且深刻不可化約的鴻溝，恰好正是人類學者投入努力嘗試去解答的。

馬歇爾．薩林斯（Marshall Sahlins）在他的《石器時代經濟學》中嘗試問道，前資本主義時代的經濟究竟遵循著什麼樣的法則？「經濟學」這樣的一個詞語放置到前資本主義時代，甚至是他所選取的石器時代與原出社會裡，似乎都是不適用的。薩林斯嘗試解決的問題，事實上就是揭示一套前資本主義社會中，有用且同樣具邏輯性的經濟法則。這樣的嘗試與李維史陀在著作中高倡的「我們都是食人族」的用意同樣一致，與其說現代世界中充斥著與過去完全斷裂的時間、經濟、文化觀，倒不如說在使我們變得不同的漫長歷史之下，有一些東西還是能夠將我們彼此聯繫起來，這也是我們之所以成爲人類、具有人性的最終原因。

遠行的意義

「他們不願意要我的車費，
留下了電話讓我回北京以前通知他們一聲。
『有知識好啊，到哪裡都不害怕』，
小哥關上車門後、靠在車窗上樂呵呵的這麼對我說。」

●

二〇一五年夏天我出發去新疆，同年寒假已去過一次預調查，這次是單獨前往，正式展開田野調查。我心想，田野這麼長，要花的錢還有很多，不如就先在旅程上省一點吧！於是打算買火車票。[1] 接著又想，既然硬臥也是半躺不坐的卡在床鋪裡，那乾脆再省一點，坐硬座吧？反正都是坐，差不到哪裡。

誰知道等上了車，發現車廂內部設置全然出乎意料——我原先以爲硬座的車廂與座椅就像台灣火車的自強號那樣——是兩排「對望式」的三個座椅，中間沒有扶手，椅背豎直無法調整，座位之間空間狹窄，儼然不是個能夠舒適度過三十多個小時的環境。事已至此，我也無從抗拒，找到位子（幸好是靠走道）就先坐下，打算趁始發站人還不多，趕快入睡。

然而越來越多的人潮使得睡一覺這件事情變得無比困難，因爲一等座位都坐滿以後，更多持「無座票」的乘客會想方設法擠上車，佔據每一寸他們看得見的空間，例如，我的腳邊。在發現小腿成了某位陌生大爺的靠墊之下，我根本無法入睡，只得拿書出來看。漫長又不適使我喪失與旁人互動的興致，恨不能化成一座巨大的鐘錶，飛速撥轉自己的秒針與時針，轉瞬間到達目的地。這當然不可能，所以到了西安站後，我試圖與鄰座帶著小孩的阿姨聊天以打發時間。

阿姨在太原[2]上車，因爲只搶到一張坐票，所以帶著一張小板凳和小女兒交換著坐。小女孩就坐在我身邊，唏哩呼嚕吃著泡麵。阿姨說，小女孩放暑假了，她打算帶她去新疆參加旅行團，一路從烏魯木齊玩到喀什。我看了看小女孩身上還穿著制服，阿姨連忙解釋，因爲學校補課的關係，昨天才從學校把孩子接回來，一刻不停的趕著上

1 從北京坐飛機到新疆大約需要四小時的航程，票價較爲浮動，幸運的話在淡季也可搶到低於五六百元人民幣的機票，我也曾在開學前買過兩千元人民幣的航班。若坐Z字頭的火車直達車，一天只有兩班，車程分別是三十一小時和三十九小時，票價從人民幣八百多元、五百多元至三百多元不等。

2 我搭的是時長三十一小時又五十九分的直達特快車，總共停靠二十一站，太原是第五站。

車，去新疆光坐火車就得兩天，不趕一點會來不及與旅行團會合。我說，這樣好累的，況且車上也不好休息。阿姨靦腆的笑一笑，伸手擦擦小女孩嘴角的泡麵殘渣，說，團費也不便宜呢，坐火車省一點好，何況要讓她見見世面，火車走這麼長時間，外頭可好看了。

阿姨希望透過穿越漫長距離給予女兒一些新的知識，開闊眼界，正呼應了俗諺「讀萬卷書不如行萬里路」；在人類共同的想像中，跨越遙遠距離的行爲本身就已然是項壯舉，實踐跨越就是一種珍貴的經驗，特別是以人力（例如單車、馬拉松）征服廣大地理環境所象徵的能動性。在許多文化中，征服空間與距離的過程一向充滿達神聖感，人類本著終極目標克服肉體所帶來的限制與阻礙，例如朝聖和遶境等行爲，目的就是透過肉體的苦行以獲得至高的精神。

於我而言，這趟漫長的火車車程，除了起初的「省錢」目的，更重要的是拉長抵達田野的時間與距離。我不確定其他人如何，至少在我的每次經驗中，「進入田野」都是一段如同陣痛期的艱難過程。在出發之前，我總是必經少則幾天多則一兩週的嚴重焦慮。物質上的準備再簡單不過，除了最基本的需求，其餘在田野中都不怎麼講究；最擔心的還是即將在面前展開的那片未知，即便有一些領頭人帶你進入田野，但報導對象與大量資訊、知識仍然在這片未知底下，唯一解方只有徒手耐心挖掘。這樣的焦慮就好比赴一場沒有考古題的考試，即便如何費心準備、極力猜題，成敗端看進入考場、打開試卷的那一瞬間。

飛機這種快速、毫無鋪陳進入某地的方式，對懼怕進入田野的我無非一種凌遲，無疑加深我的焦慮。在進入田野這件事情上，我完全不想感謝科技所帶來的便捷，只希望過程被延伸得越長越好。我情願在三十多個小時的火車旅行中，體會時間的流逝與空間的移動。同樣的地理距離，在不同移動方式之下，有著截然不同的心情。

所以，儘管有了不好的乘坐經驗，受到緩慢出行、減低焦慮的誘惑，再次前往新疆，還是選擇了火車。這次我一路從北京躺到烏魯木齊了。儘管每次下了車不免雙腿浮腫、蓬頭垢面、飢腸轆轆——火車上若進食必然會有如廁的需求，而與其餓肚子，我更懶得以跳棋般的方式穿越擁擠在車道走廊的人們——我還是挺享受長時段的交通過程。

我像是背負著某種使命的朝聖者、旅行家，重複著這樣的移動時，內心總會升起一股揮之不去的神聖感。近代的人類學田野調查，已不再像以前那般充滿濃厚的獵奇色彩，針對研究者自身文化的、都市的、密集人口區域的，甚至鄰近研究者日常生活圈的研究旨趣，都隨著人類學與其他學科跨領域的合作及應用，變得越加尋常。年輕一代的人類學學生，似乎更偏愛這種透過地理意義及身體感知上的「遠離」認識何謂田野，如我經由漫長的火車旅行賦予「出發」和「遠方」

意義。

●

在探尋田野的過程中，我曾去過四川省綿陽市平武縣的白馬寨，當地人是劃歸爲藏族的白馬人，歷史上整座山頭有二十多個寨子，從山腳一直延伸到大熊貓出沒的深山裡面去。正值當地旅遊觀光產業建設中後期，公路兩邊插滿招攬遊客的旗子，由承包開發、建設與營運觀光產業公司所主導的工程熱鬧地在各個寨子展開，村子入口則立著極具異族風情的木雕拱門，牆面繪有似是而非的圖騰，以象徵白馬文化。

有一天晚上，我從山上的寨子做完訪談，想回到山腳的住處，與我同行的朋友不打算下山，我得自己想辦法才行。於是在路邊招手攔了一輛載貨小客車，我知道這樣的客車都會願意捎人下山，只要付個幾十塊錢權當報酬，寨子與寨子之間人們往來甚密，我大膽的猜想安全應也無虞。開車的兩位小哥讓我上車，順著下山的路，我們也隨意地聊起天來，他們問我從哪裡來，到這裡做什麼？我熟練地回答：「我是台灣人，在北京讀研究生，來你們這兒做些社會調查，學術研究用的。」握著方向盤的小哥一聽，激動的拍了喇叭，「你是台灣人啊！好！還沒見過台灣人哪！」想來也並不奇怪，白馬雖也屬於旅遊觀光景點，但地處偏僻，部分坐落於山中的村寨接觸到台灣旅遊團的機會也就更少了。或許是對於台灣人身分的推崇與新奇，兩位小哥對我的所有疑問知無不言，等同平白賺到一小段訪談資料；他們也積極的分享所有地方上的瑣碎小事，一趟車程下來，我連他們小學老師姓誰名誰、班上同學多少人上了大學這樣的資訊都獲得了。最後下車時，他們不願意要我的車費，留下了電話，讓我回北京以前通知他們一聲。「有知識好啊，到哪裡都不害怕」，小哥關上車門，靠在車窗上樂呵呵的這麼對我說。

換成習慣於跨國旅行的商務人士，四川與台灣即便不是彈指間的距離，也算可輕鬆可跨越；然而對於生長於斯的白馬小哥而言，半夜在山道上載到一位台灣女學生的機率，大概遠遠小於零。心理距離遠比地理距離難以超越。他們對我的熱情或許源自未知的遠方突然成爲現實的獵奇感，而我對他們，又何嘗不是呢？我判斷空間與距離的量尺與他們不同，在前往田野以前做的所有預備，都是爲了能夠測量這個地方之於我的距離，這個距離指的不是地理，還有心理，包括文化上的。

心理的距離感在很多時候會直接化成具體的距離感，而恰恰是藉著身體的移動，讓身處其中的人們恍然大悟「原來我們這麼近」，想來這句濫俗的廣告台詞並不是沒有道理。由於不清楚來者的背景，難以想像對方到達我地的軌跡，便像是「憑空掉下來」一樣。雖然我做田野的地方，不像傳統人類學所描繪的與母文化隔絕、交通生活極爲不便，且必須完全以當地語言進行溝通，但怎麼樣都算是中國較爲「邊陲」的地方，在那裡，台灣人的身分因此容易變得醒目，令人印象深刻。許多人類學家都曾有過到田野時被「圍觀」的經驗，就曾聽老師分享時說到，他初到田野地被當地村長以廣播昭告村民。當人類學者跨越陌生的距離來到此地，他/她就自然而然地成了被觀賞的風景。

這種因爲相遇而感覺到的「距離」，實際上在我初至北京時就已有體會。在我們系上，我和賴小是唯二的台灣學生，也是唯二的「外國」學生。當然，這個「外國」只有我和賴小兩人私底下承認。離鄉背井的其實不僅僅我們，據本科就在北大上學的同學說，北大超過一半的學生都來自北京以外省份，偏遠農村的也不少。我來到中國的心理距離與地理距離，對那些動輒十幾二十個鐘頭才回得了家的同學似乎不值一提。

台灣對他們來說很遠，理由在於多數人因爲簽證的關係都沒有去過，生活中也鮮少與台灣人相遇、產生關係。教科書、從小到大被教導「台灣是神聖不可分割的領土」的他們，卻完成沒有意識到我「回家」需要用到「護照」。不過，台灣對他們來說也很近，因爲天天可以在電視新聞報導後的全國氣象預報中看見「台北」的氣象，也能在網絡媒體上看見高雄氣爆，也能在街上小吃攤吃到「台灣烤腸」[3]，或是在「愛奇藝」、「優酷網」上收看《康熙來了》配飯——他們聽S.H.E的歌長大，和我們一樣迷過《流星花園》，在五月天去北京開演唱會時結伴參加。透過這些記憶共享，我們和他們連起了一段奇異的生命歷程。類似經驗也發生在我唸小學的時候，甚至更早之前，台灣年輕人受到美國流行文化強力輸出的影響，也和美國年輕人一樣把「新好男孩」（Backstreet boys）等流行音樂當作童年回憶。拜傳媒的全球化所賜，不同地區的人們有著差不多的記憶早就不稀奇了，也使得兩岸年輕人彼此之間有著模糊和曖昧的認識。台灣／中國之於他們是可近可遠，透過網路、電視等平台可以輕鬆獲取對方的資訊，很多時候卻也因此驚覺認識的侷限。

在現今，於兩岸之間有過頻繁旅行經驗的人已非少數，許多台灣年輕人在中國求職，不少中國學生到台灣單車環島、自助旅行，物理上的距離不再是難以克服的問題，可是感知上的距離依舊難以捉摸。

在北京的生活經驗也讓我重新思考了一個問題：「將自己的身體移動至別處，眞的就能達致一場異文化的遭遇嗎？」答案顯然是不一定的。我不禁想起那群在北京人口日益增多，也逐漸握有一定影響力及曝光度的人——北京的「老外」。[4]

以前曾有一位朋友和我說，北京的老外分做兩種，一種是住在鼓樓的，一種是住在三里屯的。這種二分法當然會招致許多在北京深耕

---

3 「台灣烤腸」是一種非常廣泛被使用的食材，但是口感和外表與在台灣吃過的熱狗或是香腸都完全不同，我第一次吃到「台灣烤腸」（被夾在煎餅果子裡）時還大爲震驚：「這是什麼？」同學則疑惑表示：「不是你們台灣的嗎？」

4 這裡的「老外」，我比較偏頗地指涉了那些多以歐美發達國家（又以白人爲主）爲國籍的外來長住人口，包含留學生、工作者、旅行者或是待業者。

的外國人抗議[5]，就如同國際政治將台灣政壇草率地劃分爲藍綠二者；不過，這樣的劃分引導出的一些線索，似乎也能在其他國際外來人口眾多的城市找到映照，例如台北的天母和師大周邊。

回到朋友提及的那個分類，三里屯是北京新興的商業活動集中地，更爲出名的便是它的「酒吧一條街」，與酒吧一條街對望的是新潮的三里屯太古里大廈，裡頭陳設著各國精品與高端設計品牌。三里屯位於北京使館區之內，順勢於一九八三年成立第一家酒吧，成爲老外們最爲方便的休閒娛樂去處，步行在三里屯酒吧街上，時不時就能看見「使」字打頭的車牌。

鼓樓則是一個與三里屯截然不同的異域。那裡被認爲是北京城最後的幾處老城區，大致範圍落在地安門東西大街、地安門外大街和鼓樓東西大街附近。那裡是現存老北京胡同最爲密集的地方，比較出名的幾條包括菊兒胡同、五道營胡同和南北鑼鼓巷。有一次，朋友約我去鼓樓一位外國朋友家喝酒，「他租下了大四合院，在院兒裡自己釀啤酒呢！」這些外國人鑽進北京最狹窄古老的巷弄，學著當地人一樣在戶外公共廁所如廁[6]，甚至在汽車也不好途經的巷口，開起了精緻的義大利餐廳。在老北京的胡同裡，坐在露天二樓的竹棚底下，面迎初夏的涼風，品著一瓶還不算便宜的紅酒，腳底下是拉著車吆喝著經過的老北京大爺，儼然成爲一種頗爲有格調的新北京生活方式。在胡同裡居住，已然是某一群老外眼中特別緊要的事情，他們以和老北京一同生活爲樂，說起兒化音比我還正統，交往中國男／女朋友，甚至有的在短期交流或是求學結束後，便從此留下來定居。

---

5 關於對鼓樓與三里屯之外的老外群體的討論，可以參考 VICE 中國的這篇報導：〈不是每個在北京的老外都是在鼓樓和三里屯傻喝酒的混子〉 http://www.vice.cn/read/not-every-foreigner-in-beijing-is-a-loser

6 傳統的胡同住宅裡沒有抽水馬桶設備。

我不得不想，移動似乎並不一定導致與異文化相遇，關鍵終究在於是否敞開胸懷、透過生活來相互理解。

●

離開四川白馬兩年多，我仍時常想起那位小哥倚著車窗、在黑夜中對我咧嘴而笑的畫面，還有他那句「有知識好哇，到哪裡都不害怕」。類似情境後來在新疆也發生過。

達包是我進入山上風情園做田野，除了接待的人家以外，第一位主動和我攀談的牧民。我對他向我釋出的熱情印象深刻，還有他那雙黑不見底的眼睛。有一次我們一起隨意地聊著天，他提起少年時因爲一場車禍，錯過了高中入學的時間，從此就離開學校，回到山上放羊的往事。我很替他感到惋惜，達包說小學初中時他的成績都是全班前幾。話題暫歇，他突然有感而發的對著我說：「妳這個丫頭，了不起啊！」我說，有啥好了不起。他說：「從台灣跑來新疆，太能跑了。一般人不可能跑得過去的。」說著，放下啤酒罐，兩手在空中比畫著，「我跟妳講，我的手就這麼長，可能生命就這麼長，是不是？（人的壽命）我可能是在下面，或者是中間。不過，在這裡，人最好是幸福。幸福快樂就行了。」最後，他下了一個總結。「妳來我們這裡，追求的是那個方向，妳追求的方向，是在雲彩上面啊。」他靠著雜貨店薄薄的鐵皮牆，目光越過我，望向窗外遠遠的雪山。

我猜想，白馬小哥和達包對我跨越了的距離，或是即將展開的遠行，皆抱持著肯定又熱忱的態度，或許更因爲他們同樣了解「知識」能夠帶人走得多遠；也可以說，你對其他社會與人群的知識，會使你願意、勇敢邁出自己腳步，而伴隨著越來越開放的視野和寬闊的胸襟，相信在面對異己越能抱持理解，越能自持謙卑、尊重以待。因此，即使跑得再遠，遠得像跨越雲彩的那一端，也不會是你恐懼的遠方。

家鄉是為了離去而設的

「覺得所踩的這塊土地是屬於自己、
發生在這塊土地上的事情也都關乎自己，
這好像才是所謂故鄉眞正的含義。」

●

雖然沒有當面直說，但我偷偷在心裡給我的老師起了一個封號，叫作「名言製造者」。他的名言佳句十分多，幾乎都帶有深刻的哲理和人生指導，其中有句話他說，「家鄉是爲了離去而設的」。說這句話的當下情境並不是那麼美好，是在某次他教訓我的時候。他說，你到了北京，卻比以前在台灣時更愛台灣了，所以心不定，老想著要回家，無法虛心學習。實際上，無論是這句名言，或是後面一段他補充的批評，在我再三反芻思索過後，依舊認同他的看法。家鄉是為了離去而設的，你若不離去，家鄉便無法成為「家鄉」，在離去的行為產生之後，通過不斷地返回，家鄉得以成為家鄉——一個被牽掛、思念、甚至是用記憶去美化的對象。

中國和台灣處於一種錯綜複雜的對峙形勢，是不用說破也能明白的現狀。像我這般沒有絲毫中國經驗，曾經一面倒地將世界視為台灣和「國外」的年輕人，中國是一個複雜又隱晦的課題。也因為這樣的前提，某一天我決定來到中國展開日常生活的練習，將呼吸與食衣住行都建立在這塊我顯然十分陌生又異樣好奇的土地上時，家鄉這個概念瞬間變得無比清晰。我在中國所體驗的「思鄉」情感，與我曾在外國旅行、短暫停留的經驗十分不同。

在北京時，通常引發我思鄉情緒的事情似乎都是「泛政治」的。二〇一四年的三月，發生在台灣最大也最重要的事件莫過於服貿。在Facebook和各種網路媒體平台，鋪天蓋地充斥著服貿相關文章與討論時，海外留學生或旅外台灣人熱烈舉行聲援活動，我在北京，風平浪靜。

當月十九日，我去隔壁清華大學聽知名政治學家Benedict Anderson的講座，在這位研究民族主義和國際關係的大師講座尾聲，一位中國男同學舉手發問道：「對於在認同邊緣的人民，例如台灣和香港來說，民族情感要如何建立？」我不曉得那位男同學是否在中國尚未掀起大規模討論的當時，就已經得知台灣正在發生的事情，只是在這個場合聽聞這樣的發言，隨之升起的那種彆扭很難消除。

離開了大講堂，我和幾位相熟的同學一同散步回學校，我謹慎地和她們聊起服貿一事，吞吐著最中性的語言，嘗試從民主和法律高度的公平正義角度來勾勒這項風波。其中一位同學納悶：「爲什麼和中國人做生意，讓台灣人這麼害怕？全世界都在和中國做生意啊」。另一位同學則對台灣人目前採取的「激烈」手段不置可否，並聲稱「我認爲目前的中國並不適合民主」。我們慢慢的沿著車聲鼎沸的街道步行、交談，在那個當下，我感覺離家很遠。

在那段台灣並不太平的期間，「家鄉」依附在我的網路VPN上、在我的電腦螢幕中，等我合上電腦，我又離家很遠很遠。我的朋友們不分時段以「在場」作爲支持運動的手段，他們和我分享街頭的民主教室、拍下晚間免費發放的愛心飲食的照片，我恨不得自己也在那裡，但是，我仍然在北京。二十四日早晨，我照樣連上VPN、刷開Facebook，看到的是讓我心碎不已的消息。我顧不得寢室還有別人，再過一會兒就要去上課，忍不住坐在書桌前哭出聲音。同學們不知道發生了什麼事情，他們悄悄地從我身旁經過，小聲互相詢問，等到我情緒稍微平靜下來，我發現我竟很難對他們啓口這個使我一大早氣憤至極的消息。我該怎麼描述這件事情？「在社運現場，台灣警察執法過當，對手無寸鐵的公民施以暴力」，這樣的事情在中國似乎並不稀奇，起碼從他們的表情得知，我的情緒或許有點誇張。

那時我剛到北京不到半年，我覺得聽了一些這裡的故事、知道了一些這塊土地的問題，我曾經不只一次在心裡想「幸好我是台灣人」。這種慶幸在國外旅遊時也出現過，諸多關於文化、生活慣習和社會脈絡的相異，會提醒著旅外的人們，「金窩銀窩比不上自己家的狗窩」，而我在北京所體驗到的，則是一種最爲徹底的顚覆，我視爲理所當然的事物，如言論自由、民主社會、公民參與這些概念，變得輕如鴻毛，毫不重要，成了同學口中半開玩笑的「唉呀，你就是在憂國憂民」。

就在那個時候，即便三個小時的航程就能帶我回家，身邊的人說著與我同一種語言，我眼目所及的一切景象都不具「文化衝擊」，我還是覺得我離家很遠，離那個我記憶中的小島很遠很遠。

李維史陀在《憂鬱的熱帶》裡，如此形容「城市」：

> 不論我們思考的是舊世界木乃伊化了的城市，還是新世界仍在胚胎中的城市，我們經常把最高的價值——不論是物質的或是精神的——和城市生活聯想在一起。

城市的形成是文明化的指標，是人類經濟與財富集中到一定程度的產物，也如李維史陀所說的，是最高等的精神與物質價值彰顯的所在。用這個邏輯可以理解中國近三十年來蓬勃發展的城市化工程，在這股推動進步的驅力之下，中國成爲了以密集的城市所構成的龐大帝國，我所處的北京市更是這個帝國的核心。

起初，我不知道要怎麼欣賞這個新舊以衝突關係共存的城市，也不習慣與經濟發展程度不相符的北京常民生活形貌；我開始變得很想家，很想念不能說多有禮貌但起碼在月台和車廂內不會總是相互暴力推擠的台北捷運，很想念即便點餐緩慢也不會朝你吼叫的餐廳服務生（儘管也可能會招致白眼），很想念沒有人吐痰也不可能見到便溺的街道……那些曾經以文字或圖像向你展示的情景，正活靈活現的出現在眼前，而你知道這已經不是可以隨時抽身而去的旅行，而是也屬於你的日常生活。

「家鄉」變得格外重要。更因爲思念在數不清的不適應中一再強化，在中國的三年裡，我甚至想不太起來過去在台灣曾有過的不滿和抱怨。當網上都在哭喊年輕人的薪資低到無法存活、勞資關係惡劣到台灣簡直像是「鬼島」，我在電腦前時常嘴角一撇，想著中國這裡更爲慘烈的現況。台灣/家鄉變成一種美感和精神上至高的存在，讓我在面對中國這個時常令我不悅的環境，抱有一種虛榮的底氣。我想家的時候，在每一次每一次的想念中，我似乎也一遍又一遍地愛上我的家鄉。台灣在我的抽象地圖中被置於最高的一方，成爲生活的理想，一旦又有不順心、不習慣、無法忍受的事情發生，我就可以提醒自己，「回家就好了」。

在書寫的當下，發現我也不太能想起在北京有哪些令我討厭的事。剛在北京落腳半年，累積了相當規模的負面能量，但在日復一日的生活中都無聲無息的排解乾淨了。是習慣沒錯，而習慣不就是認知到「生活」在這裡，不是更好的他方？等到我結束中國的階段性生活，將台灣重新視爲生活的主要發生地，台灣就又開始變得不同了。

有趣的是，也正因爲最不像家鄉，我才會選擇來到這裡。回想起當時一頭熱的就決定把未來三年和碩士學位交付給北京，也就是衝著北京、中國所夾帶的茫然未知和可觀察的巨大差異，才來到這裡。好像這整件事情的目的不是關乎知識的學習，或是取得學位，更誠實一點的說，這是一場壯遊——透過征服未知、克服偏見以完成的壯遊。

當時有股膨脹的志向，敦促我把北京當作一個觀察對象，所以一在北京落腳，我幾乎天天寫日記，用最瑣碎的語言不厭其煩地記下所有使我驚訝或皺眉的事情，把和同學的對話包含標點符號語氣感嘆詞一字不漏的抄寫，當作更爲貼近這裡的線索來閱讀。然後很快地我就懶了。在連續幾個禮拜只能大概以「起床—上課—食堂吃飯—上課—食堂吃飯—回寢室—學習—睡覺」，這種再無趣不過的流水帳之後，我發現眞沒什麼好記的。北京一點一滴的變得不那麼令人大驚小怪，甚至變得日趨「合理」，偶爾也因察覺自己逐漸適應了這裡，微微升起一股沾沾自喜。你開始對周遭的一切感到理所當然，把曾是陌生人的北京納入自己的麾下，在規律的生活練習中與北京變得熟悉，能夠很有方向感的在霧霾中自信前進，在他人提起若干不愉快的經驗時，用老練的口吻回以一句「唉，北京嘛」。

第一次類似於田野工作的經驗，發生在升碩二的那個夏天。因爲母親的關係，認識了一位在中國民族博物館任職的姐姐，她見我暑假沒事，尚未走跳除了北京的其他地方，便邀請我和她還有同事一起去甘肅出差。中國民族博物館是一座以民族文化爲主體的國家級博物館，還處於籌備建設期，因此一年之中需要進行幾次的「文物徵集工作」，以搜羅該館藏品，甘肅肅南裕固族自治縣這一趟，就是其一。

在肅南待了兩週，我開始感覺到一股原始的欲望蠢蠢欲動，我想吃米，白米。北方人嗜食麵，甘肅這麼典型的西北飲食文化圈更是如此，在小縣城找不到賣米飯的餐館，不然就是煮得極爲難吃。我一直都非常喜歡吃米，遠遠勝過於麵，幾天沒吃到米便渾身不對勁，十幾天滴米未進，已快要到達極限。我們從肅南小縣城離開，抵達張掖，準備搭乘幾天後的飛機回北京，在張掖的街上，我忙著搜尋哪裡有做米飯的餐館。好不容易看到一家亮著「西北名吃！張掖牛肉小飯」的招牌，毫不猶豫地就衝進店裡，點了一份招牌牛肉小飯，最後送上來的餐點，赫然是切成近似米粒大小的……麵條[1]。帶著有點失望又無奈的心情結束這一餐，我滿腦子都在盤算，等回到北京，要找同學去

1　牛肉小飯可以算是張掖名吃，我後來知道，而這裡所說的小，是由於麵塊小、肉塊小、豆腐小、菜丁小，以小料做成，故其名也。

吃哪家烤魚、哪家炒餅、哪家麻辣香鍋，滿滿的都是對北京的思念和期待。北京在此時，在我於外地深感不習慣與不自在下，成了一個被期待可以歸去的地方。

飲食是最容易觀察、也最具變動性的一種認同感。在個人的生命經驗裡，好像在一個地方可以吃好了，就比較能在當地找到安身立命的自信。剛到北京時吃什麼都覺得不對勁，太油太鹹太辣太酸，對我在台灣時顯得平庸的味蕾都是很大的挑戰。等到熟悉北京的飲食習慣和烹調口味，在北京的生活好像才算眞正起步。體驗生活、尋找位置，總得要從吃得習慣下手。於是從飲食開始，北京在生活的各個面向佔領了我的歸屬感。

相較於研一的第一個寒假我幾乎是以逃難的方式回到台灣，後來的返家似乎顯得更像度假。感覺生活的主次被對調了，在台灣時覺得心裡不安，想著北京的種種，覺得節奏都脫出正常的軌道。思鄉的情感越來越淡，偶爾甚至會把在北京高度個人感的生活當作一個避風港，我只要讀自己喜歡的書，寫給自己看的字，與我同頻率的人說話，留學的日子反而變得沉靜下來，很有自己作主的感覺。

這種生活的練習並非第一次，到台北讀大學，我也是以同樣方式處理這個客鄉與家鄉的關係。直到進了北京，人家問我從台灣的哪裡來，我總要躊躇一下，再回答「我在台北上大學，但家在屏東」，問者有很大可能不知「屏東」是個什麼概念，我就會再補上一句「台灣最南的一個縣，電影《海角七號》看過嗎？在那兒拍的」。但我總讓朋友「到台北，找我」，畢業搬回家，也理所當然的把台北視作下一個落腳安居的地方。

在北京、在台北時好像是一樣的。我們都不來自這裡，可是我們都屬於這裡。即便我離開了，我知道我還是把某部分的自己也留在了這裡。我當然有我的家鄉，在屏東出生長大，同時挾帶著很大一部分來自山林部落的血脈，它們填充了我的內在，使我成為一個擁有認同和身分的人。而當我將自己移動到了另一個地方，把腳深深的扎進陌生的土壤，學著搖搖晃晃的站立，我就開出了不一樣的花，結成了不一樣的果。

對一個地方的認同是一步一步的建立，像是闖關遊戲一樣，在經過一道又一道的難題之後，能力也隨之提升，但是終極的關卡似乎也不是「成為××人」這麼簡單的邏輯，要有程度多高的熟悉感和自信感，才能讓你宣稱自己來自哪裡、能夠代表哪裡的人？這好像也都不一定。和我一起去甘肅的姐姐家在貴州，大學上來北京讀書，十多年來北京就是她的家。她會和我笑說，現在回家都不知道上哪兒待去好，我告訴她我姐姐常嘲笑我，我家的狗能認得的屏東的路都比我多。她還說，在北京特別能感受到季節的轉換、時間的流動，夏天熱個半死所以像夏天，等到慢慢轉涼了就是秋天要到了的提醒，冬天長又冷，再看見花慢慢的開了就又是春天了。我笑說，這點倒不錯。

客鄉怎樣能成爲故鄉，大抵上就是從找到自己位置的時候開始。當我拖著疲憊的身體從田野歸來，打開宿舍的房門，見到我那窄小但溫暖的一畝三分小天地，我就覺得自己到家了。同學、朋友會從四面八方湧上，像早市菜場一樣爭相搶著預定我的空閒時間，明天涮羊肉，後天看電影，再大後天去 798 聽場講座、跑鼓樓看場演出，然後整理自己的思緒與經歷，見導師或是回到教室。一切都是這麼的井然有序又自然熟悉。這個過程始自將自己安插進此地，給予一個位置，允許「生活」在此地發生，接著在實踐生活之中與這個地方產生連結，身邊圍繞的皆是與你共同創造記憶的人。

●

臨畢業前，我曾和一位十分要好的師姐有過一席談話。師姐的本科是俗稱「黨校」的中國青年政治學院[2]，有著比較明顯的愛國知識青年形象，同時也對「國」有著極具穿透力的針砭眼光。我一直覺得師姐的形象涵括著當代中國好一部分的年輕知識分子：情感上愛國，理性上批評。她並不像許多活躍在網路上，充滿「自由現代」色彩的海外中國人，以摒棄中國爲樂，熱愛提倡「移民救性命」等行爲；當然也不是那一群在微博上瘋狂以「中國一點兒都不能少」洗版、堅決擁護中國的本位主義者，她看待中國、看待「家鄉」的方式並存著溫柔與嚴厲，能夠跳脫出當代政治的框架，從更長的歷史情境來認識中國本身，也能降落在最常民的議題上，說話帶著土地的氣息。她對我說「眞羨慕你可以離開」，她的意思是，即便我與她都不去戳破這個如同肥皂泡泡的政治假象，我還是有地方可以歸去，因爲從北大畢業，我在中國的生活就退回到旅行的意義，而她的家鄉依舊在這裡。

師姐又說，現在許多中國年輕人已經沒有了家鄉的感覺，他們把國家當作敵人，把家鄉視作與遠方的對立。國家等不等於家鄉這當然是另一個問題，然而從她的言談神情裡，讀出的是深情和憂慮。

這種情感讓我動容。我喜歡和她說話，最主要也是因爲她不吝於對這塊孕育她的土地，展露出憂思和寄情。有個朋友曾對我說，台灣人對自己的國家很有感情（他用的就是國家兩字），「很像……」他停頓了許久，像是找不到適合的措辭，「很像……？」我也跟著他一起疑惑。「很像這塊土地就是屬於你們的一樣。說起來都特別有底氣，

---

2 中青政是共青團中央直屬、教育部與共青團中央共建的唯一一所重點高等院校。又被學生稱爲「紅色高校」，歷屆校長皆居於或曾居於政治高位上。

也很有感情。」他終於補完一整句話。我反問，難道你不是嗎？他輕輕地嗤笑了一聲，沒有回應。

師姐和朋友的話似乎恰好成爲兩種形象，朋友對台灣人的判斷是放在一個比較的量尺上來看的，相較於「有感情」、「土地屬於自己」、「有底氣」，另一端的他大概就是「沒有感情」、「土地不屬於自己」以及「沒有底氣」。我想起曾經讀過的一篇文章，一位中國的記者數次來到台北，寫下觀察到的所有一切。文章中，他花了不少篇幅只描述台北街頭的巷弄「景致」——牆上爬滿的青苔，昏暗老舊的屋舍，人們一邊閒聊一邊等待垃圾車經過……非常平凡的日常景象被他仔細地描繪出來，我當下竟感覺一股奇怪的憂傷——作者通過瑣碎的筆觸描寫這一切，是爲了抒發他無法和自己的城市一起變老的憂傷。

覺得所踩的這塊土地屬於自己，發生在這塊土地上的事情也都關乎自己，這好像才是故鄉眞正的含義。

我想起受「家鄉」這個概念捆綁得最深的一群人，也是我正浸淫著的學科所培養出的一群人——通過田野工作把他鄉視爲故鄉的人類學家。

田野工作最深刻的精神不只是感人所感，更是同處於能夠自由來去的他者與自身。由於把在地視角、當地知識視作比科學技術更爲崇高的一種價值，人類學家花費數月、數年、數十年來探究如何像當地人一樣工作、一樣吃喝、一樣談吐，然後學著像他們一樣閱讀這個社會。但，人類學不需要、也不能夠眞的成爲當地人，你同時能夠知道回家的路在哪裡，在完成研究、在此地建立了情感與認同之後，依舊得回到曾隸屬的遠方，用客觀且科學的語言，將甚至已經包含了你自己的那個田野如實描述。這種複雜的自我認知失調，就如同奈吉爾・巴利（Nigel Barley）生動地在書中描繪的那般眞實：

世界少了他依然正常運轉，這實在太侮辱了。當人類學旅行者遠行異鄉，尋找印證他的基本假設，旁人的生活卻不受干擾、甜蜜行進。他的朋友繼續搜羅整套的法國燉鍋。草坪下的刺槐依舊長得很好。

返鄉的人類學者不期望英雄式的歡迎，但是某些朋友的平常以待實在太過分了。返家後一個小時，一位朋友打電話給我，簡短說：「我不知道你去哪兒了，但是大約兩年前，你丟了一件套頭毛衣在我家。什麼時候要來拿？」你覺得這類問題豈在返鄉先知的思慮範圍內？

一種奇怪的疏離感抓住你，不是周遭事物改變了，而是你眼中所見的一切不再「正常、自然」。現在「作爲英國人」對我來說，就像「假扮多瓦悠人」般作態。當朋友與你討論一些對他們而言很重要的事情時，你發現自己竟然懷抱一種疏離的嚴肅態度，好像在多瓦悠村落與人討論巫術一樣。這種因缺乏安全感而產生的調適不良，更因舉目望去都是匆匆忙忙的白人而更加嚴重。[3]

等到他處是故鄉以後，家鄉似乎就變得模糊不清。爲了成爲被這塊土地所承認的「人」，通過辛苦地模仿與學習，等到習慣了這塊土地的人的生活，好似也失去了作爲「家鄉的人」的能力了。

家鄉會在想念中成形，也會在生活中被磨滅，有的時候會被取代，又會在某些時候重新展現它的姿態。

3《天眞的人類學家》，廣西師範大學出版社，二〇一一年。

月亮隱蔽的一面

「你看你千里迢迢從台灣來，
從台灣那一半面的月亮[1]摔下來，摔到北京來，
你想看見的究竟是什麼？」

●

有次和朋友聊天，對方很感興趣的對我說，哎，你覺不覺得你們讀人類學的人很像演員啊？我有點不解，心想對方是不是拐彎抹角地說人類學很裝、很喜歡假扮別人來說話。朋友很快地解釋，他說，你

們和演員一樣，都覺得自己正在扮演的這個角色是眞的，也覺得你正在遭遇的這一切都是眞的，還能用這個角色的邏輯來思考。這不就是最入戲也最成功的演員在做的事嗎？

我恍然大悟。這種「成爲別人」的邏輯，原來在外人的眼裡就像是盡職的演出一場戲。「如果我是他，我會怎麼想？」這是最最經典的角色扮演遊戲。只是進入田野，不像演員自動就能獲得一個身分，得通過不斷地觀察、模仿和學習，然後找到適當的時機，成爲了被接納的某個誰。田野工作，或者是以田野的態度來經營的生活，充滿了從自己成爲別人、再從別人變回自己的轉換過程，而且非常艱難。因爲學習別人的生活、同理生活的一切很困難，在田野時，我總會生起「好想要躲起來不被發現」的念頭。在那個時候誰都不想成爲自己、

1 李維史陀，《月的另一面：一位人類學家的日本觀察》，行人出版社，二〇一一年。

也不想辨識自己，就像是無法同時間認同他者和自我的存在那般掙扎。

在天池做田野時，我排除煩悶的方式就是藉故逃下山，躲到市裡的一家小酒店獨自度過一晚。在那個晚上關乎研究的事情什麼都不做，也不和任何人交流，試圖將自己從那個緊密又複雜的人際網絡中拔除，赤裸裸地不帶任何目的和企圖，就只是一具再簡單不過的身體。[2]然後隔天結束了這個治療儀式，就可以再度上山，回到那個別人的現實生活中去。

有一天我自覺情緒不好，不太想和借住的家人們一同午餐，我便悄悄地下到天池旁的旅客服務中心，打算躲在那裡買碗泡麵解決一餐。才剛結完帳、準備端著小賣部幫我泡好的泡麵到用餐區吃飯時，迎面坐下兩位似乎是同樣在山上經營旅遊業的哈薩克牧民。我沒有和他們打過照面，也不曾打過交道，然而仍有股奇怪的罪惡感作祟，暗暗希望他們倆不認識我，不會覺得我於午餐時間不在家裡吃飯，反而獨自跑來這裡用餐的行徑相當詭異。內心還在盤算吃完是否應該轉頭就走，兩位大哥已熱情的把我叫住：「你怎麼在這兒？」用的是相當熟稔、彷彿我們已經有過無數次交流的口吻。我偷偷把泡麵藏在桌下，鎮定地回答：「休息一下，一會兒就回去了。」大哥們笑笑點頭，點起了菸，顯然一時半刻不會離去了。我坐在隔壁桌，和大哥們有一搭沒一搭的聊起天來。很自然地省略了「你怎麼知道我是誰」的問候語，大哥們問起我的研究做得如何、還要待多久，還有關於台灣的種種。最後一支菸抽畢，他們表示要載我回山上。我點點頭，悄悄在桌底下把那碗早已泡爛、絲毫未動過的泡麵丟到垃圾桶裡。

在那之後，我多了一項日常的探索活動，找到一個牧民們不會前

2 鄧湘漪在《流亡日日》中對這樣的狀態有很生動的描述（頁二〇一—二〇二）。

往的角落。

儘管如此，這樣的「角色扮演」大多數時候還是有趣的。與我同一年從北大畢業的，還有四位同門的博士師兄姐，當天答辯流程耗去了整整一天，外頭雷聲隆隆、夏雨連綿，屋內也砲火陣陣、難以停歇。到了尾聲，便是該授與學位和發表感言的環節了，我是最小咖的碩士畢業生，自覺應該快速結束，把時間盡量留給人數較多的博士師兄姐。最後，益西，這位藏族的博士師姐，從包裡拿出五條全新潔白的哈達（白絲貢巾），她將哈達交給我們剩下四個人，並請恰好是五位的答辯委員接受我們依序進獻。我很緊張，除了受過一次哈達以外，從沒有擔任過獻哈達這樣的角色。我幾乎是顫抖著雙手，學著師姐的手勢，手心朝上，將純白的貢巾夾在手掌之間，兩手拉開一定距離，將哈達獻給陪伴我們一整天了的委員老師。在那個瞬間，我似乎也成爲了懷抱著眞摯的心情，以哈達表示忠誠、尊敬與感謝的藏人，謹愼恭敬地完成了這樣一個神聖的儀式。

窮盡力氣去理解與自己完全不同的人、事、物，並且眞心給予它們一個具有價值的位置，很多牢不可破的前提和堅持似乎就會讓位給更謙卑、更柔軟的同理。就如同我那位不具有人類學背景、卻又敏銳觀察到田野工作核心的朋友所說，這些努力皆是爲了證明一件事情：遠方的他者和近在咫尺的我們，都是具有意義的，也正因爲皆有道理，人們的互相認識與理解才能有跡可循。

●

或許有些人會困惑於，爲什麼在這本書裡我所描述的許多故事、情節、生活片段中，我的形象總是很蠢笨，總是要歷經一番過程才頓悟、通過辛苦地探尋才獲得答案、以有限的知識揣測茫茫的未知。像一個毫無背景與歷程的人、像一張白紙一樣，闖入別人的生活與生命中。若從我的故事只能重建出如此的形象，我也必須承認，這種判斷毫無錯誤。在我的田野與生活中，我的確常常以這種無知的狀態示人。

就如同我在本書前面章節曾提過的古爾邦節小故事，我將眼目所及的一切食物都視爲異文化的必備要素，缺一不可，使得簡單的一杯可樂也被我視爲一樣「不明的，可能與當下文化情境有關」的物件。類似的故事仍然常常發生，在經過田野蜜月期—開始不適應期—逐漸習慣期這些階段之後，我可以說大致上能跟隨田野中的哈薩克人步調生活了。有一天我和加娜去她在昌吉的表姐家，進到家裡，表姐照樣請我們上餐桌，接著端上的是——黑咖啡。雖然不至於買不到，但我在田野待久了，習慣了當地人的飲食與作息，已許久沒有喝過咖啡，看見有咖啡可喝還激動了一下。我好奇詢問：「欸，姐姐怎麼不是煮奶茶給我們？」表姐和加娜聽聞都笑了，說我是怎麼了，喝奶茶喝上癮了是不是，我們也喝咖啡的啊。

這種感覺很像是「出戲」，當看見田野中一些不符合你既定認知的細節，總會感到些許疑惑，心想：「是我歸納錯誤了嗎？」或是「所以我不應該這麼分析嗎？」就好似以爲到了田野可以看見一齣精心安排的文化戲碼，結果面對的卻是再眞實不過的日常生活一樣。

可以舉例的還有很多。碩士論文答辯結束，正在準備畢業的行政工作時，加娜邀我去參加一個小聚會，她和幾位朋友要一起替我送行，東道主是加娜的另一位哈薩克女友 Jamy，還有與加娜同名的小加娜也會同來。我當然高興的答應了，當天早上就坐出租車直奔 Jamy 在中央民大附近的租屋處，她們說要做午飯給我吃。到了 Jamy 家，兩位加娜正在廚房油鍋裡菜刀下忙得不亦樂乎，笑起來像中國女星劉詩詩的 Jamy 溫溫柔柔的把我帶進臥房，組好一會兒吃飯用的拼板桌，端上奶茶給我。Jamy 與朋友一起租了一居室，就是一間臥房，外頭有小廚房和狹小浴室，一層兩戶的房型。屋子裡的擺設如同我對新疆少數民族女孩的認知一般，善於整理、精於布置，很有過生活的氣息。特別是牆上、床單所使用的民族風鮮豔花紋布料，增添了主人的異文化色彩。

等一切準備妥當就可以開飯了，加娜們做的是家常麻辣香鍋，像尋常餐廳一樣放了許多蔬菜、菇類、木耳與肉片，我吃了兩口，問道：「這新疆的（口味）？」加娜聽了大笑，讓 Jamy 拿出烤饢來，增添飯桌的新疆氣息，以免我因爲麻辣香鍋只用了最簡單的麻辣醬翻炒而失望。但我發誓，我眞的吃到了類似於新疆常用的香料與佐料的味道。

在我過度的張開人類學之眼，難免會有看走眼的時候。我爲了尋找他者、成爲他者來到這裡，把所有事物都視作不凡和其來有自，盡可能地不以理所當然的態度來認識「遠方」，最後竟然只能得出一個老掉牙的結論，「其實他們和我們也沒什麼不同」。

●

到了中國，不免俗地，我立刻對某一群人感到興趣，這和我在台灣的習慣有關，我總喜歡觀察在網路上大放異彩的那些人，在微博、知乎、豆瓣、百度貼吧上喊打喊殺的網民。大概是從二〇一五年年中，由於益趨嚴格的防火牆設置，我沒有辦法在中國使用 LINE 這個通訊軟體了，爲了配合我，我的家人朋友皆安裝下載了微信，他們的好友名單裡基本上只有我一人。我也沒有太大的詫異或是怨懟的情緒，很快就接受了如 Facebook、YouTube 等網站被禁用的事實[3]。二〇一六年年初，一個叫作「愛問」的資源分享下載網站，在經歷六百五十三天的「被關閉」後重新回到中國互聯網中[4]，在微博看到消息，我還恍如隔世，想著「愛問」是什麼?啊，就是那個我剛進北大時，總在上面搜索上課用的電子書下載的免費網站。過了兩年，下載電子書的功能早已被其他共享平台迅速取代填補，中國互聯網產業的急速發展，讓一切被禁止的皆以新的面貌示人：Facebook 被禁就開發「人人網」、YouTube 被禁就有「優酷」、「土豆」和「愛奇藝」，連 LINE 都有中國版本叫作「連我」。立即變出替代品對中國互聯網產業和網民來說，完全是稀鬆平常、易如反掌的事情。打滾於微博、微信和知乎的經驗，讓我看見中國網民是如何理所當然又光明敞亮的規避、穿梭於無所不在的國家網路控制。與政府鬥智鬥勇似乎已成爲常民的生活必需，在調侃、尋求出路的過程中，將理應緊張的對立關係變得趣味，每個人都能開玩笑式地讚嘆「網民」們的神通廣大，從來不會成為政治脅迫對象的普通人，正居住在這片就我看來像極黑色幽默的生活網中。

在台灣人的認知裡，大部分中國人是「盲從」的，他們不知道自己生活在以謊言編織而成的天空底下，受著愛國主義洗腦教育的澆灌，對於外界一無所感。中國年輕人更是嚴重地對政治冷感、對所處社會環境無感、對國家不抱期待。當真生活在那裡，我可以感受到一股不知從何而來的漩渦動力，將我捲進一片淡定的氣氛中，那種氣氛

---

3 雖說被禁用的網頁平台還是能透過翻牆軟體來使用，但很顯然地使用頻率和意願都會相較於從前降低。

4 二〇一四年五月，愛問共享網站發布消息，稱爲配合「有關部門」進行所謂的集中排查而暫時關閉，排查完成後會恢復正常使用。這一排查就排查了近兩年。

叫作「過日子」。「過日子」可以說是中國人對自我生命的期待，也是社會關係的維繫。「過日子」牽扯到很多面向，找份穩定的工作叫作「過日子」，該按時完成娶妻生子的任務叫作「過日子」，夫妻和諧家庭和樂叫作「過日子」……有別於這個國家在國際政治和金融貿易所展露的兇狠模樣，我所見到的中國人，大都就只是想好好「過日子」。

我曾在一則針砭時事、批評政府的微博底下看見一則評論，那則評論寫道：「博主，發自內心尊重您，咱不說這個行不？現階段還沒哪個派別能取代共產黨，真亂起來遭殃的還是我們這些低層平民，因爲我們沒地方去，只能在這塊土地上生存。我們只願一家老小平安的生活，哪怕收入少點。民主的陣痛我們經受不起，民主制度好，也要慢慢來，國家再發展三十年，像台灣那樣水到渠成，不好嗎？」無論是民主化或是現代化，我想台灣人應該不會同意這一切都是「水到渠成」。然而對於這位評論的網友來說，他能看見的，就是他所期待的過日子景象——人們安居樂業，在這個具有濃濃生活氣息的小島上找到可以棲居的所在。淡豹[5]也曾寫過一段話十分生動：「我們這代人經常陷在虛無中，表現形式之一是：保衛或珍惜自己的精神生活，放棄公共生活，用職業上的生活給自己提供物質保障，私人生活裡有朋友和快感。它實際上割裂了個人與社會、工作與內心。這既是很多知識青年對現實失望的後果，同時也是中國現代化的一個結果。假如說我在最後的困惑中有什麼收穫，就是這個想法：我們可以孤立地在書齋中寫作，可以在工作中努力，即使那種努力伴隨著妥協，但是無論如何要讓自己與時代產生關係，激進一點，要保持左翼理想，有對社會公平和正義的追求。」與時代產生關係，這是多麼浪漫又充滿理想

5 北京大學人類學研究所畢，現職「正午故事」供稿者與編輯，擅長人類學風格的「非虛擬寫作」。

的企圖。再回頭一想，這不也正是生活之所以能夠充滿意義的原因嗎？

在我開始人類學一段時間之後，我在日記上寫下這個體悟：「我有一種隱隱約約的感覺是，人類學所做的事情，其實就像模糊各種界線吧。原始／進步的界線，東方／西方的界線，人／人的界線，人／物的界線。」也是基於這個體悟，我開始認眞思考我與所處的這塊土地、這個國家之間的關係。我的確是想與這個地方產生關係所以來到這裡，相較於我曾經也想過與中國撇清關係以確保台灣的獨立與獨特性，這是一種全新的嘗試。我嘗試跳脫現代國家這個後設的角度來看待自己與這裡，即便我常常在心裡暗自高興：「再怎麼攀親帶故，我是台灣原住民，南島語族，跟你們絕對八竿子打不著關係。」這個時候，我又不小心忘記母親是外省第二代的漢人了。

實際上，更多時候，作爲同一個世界的人類，即便有這麼多的現存界線橫亙在我們之間，有這麼多方法供我們辨識自己、排除他人，我們依然都有一種無法逆轉的歷史命運。

●

在新疆的期間，我常常面臨一種窘境是被「指認」爲漢人。一開始我並不知道這種指認從何而來，第一次被以爲是漢人，一時之間甚至找不到回應的措辭。那是在加娜陪同我去二道橋時發生的小插曲。我們走在小販與行人接踵並行的街道上，就在我觀賞著周遭於我而言全然異文化的街景時，我的肩包被拉住，一個包著淺色頭巾、淺色眼珠的少數民族小女孩嘰哩呱啦的對我展示她手上正抓著的一塊氈毯，不出幾秒，她身邊較她年長一些的小男孩將她拉回身邊，並說了一句話。加娜聽了忍不住笑出聲，我連忙詢問她小男孩究竟說了什麼，加娜說：「他說，她是漢族，聽不懂，不用跟她說。」

同樣的事情發生過不只一次。我住在二道橋附近的酒店內，久了便和大堂侍應生、整理房間的阿姨熟識，他們知道我是台灣人之後，都喜歡在擦肩而過時與我聊上兩句，在烏魯木齊待多久、做什麼、打算去哪裡玩，都是他們十分關心的話題。有次我說喜歡二道橋，所以選擇住在這裡，阿姨聽聞臉色一變，著急的相勸，「那兒維族人多，你一個漢族姑娘不要去那裡」。

被路邊的少數民族小孩誤認，我尚無法辯解，但對著阿姨，我則是耐著性子和她解釋：「我覺得沒有這麼恐怖呀，裡頭的人照樣在過生活，我也不對他們做什麼，他們也不會對我做什麼。還有，我不是漢族，我是台灣的高山族。」阿姨對我的解釋似乎有點迷茫，但還是繼續堅持「我們漢族人都不願意去那裡，你一個人去就更危險了」。

我的長相雖然也受到漢族血統的母親影響，但大抵上還是一副具有「原住民特色」的臉孔，我也習慣了因爲長相而被認爲是「非漢族人」的群體。然而在新疆，這樣時不時的「誤認」使我深感困惑。

父母其中一方是漢人並沒什麼稀奇，在我父母的年代，原漢通婚雖然不多，但也仍有一定比例，到了當代就更爲普遍了。參加的十場原住民傳統婚禮中，可能就有一半的新人是原漢組合，未來也會誕生更多具有雙重族裔身分的孩子。孩子們將會在「一半一半」的家庭中長大，在一半一半的環境中學習怎麼從一半成爲一個完整的人。成長經驗中，每當需要介紹我的家庭背景或族屬時，我都會說「我是魯凱族，我的母親是漢人」。這樣的表述似乎代表著，我對自己身體和身分的習慣想像，是把「漢人」、「外省人」這個符號當作一個嫁接於我原住民身分之外的「物」，就好像我跟這項身分一點關係都沒有一樣。有時候我也會開玩笑表示「我是一半啦」、「我是混血」，一半和混血又看似可以描繪出我身上可能重疊著的認同，我不會在別人認為我是漢人時點頭稱是，而是會忍不住回應「我是原住民啦」。

似乎生命歷程中，我們每天都必須面對「我是誰」和「我不是誰」這個問題。對人類學來說，遠方的「他者」自動帶有一種神聖性，我們都在尋求他者以觀照自身，嘗試著從異文化中看見自己，「田野」彷彿就像人類學者心中的麥加一般。兜兜轉轉，最後發現我的田野似乎是我自己。我的導師還有一句名言是：「你自己也是你的研究對象嗎？」這句話似乎也暗示了我們對未知世界的所有探尋，最終都還是得回到自己身上。

必須招認的是，在這本書中拋出的無數個問題，卻沒有一個我能給自己滿意的答覆。我依舊困惑於我應該是誰，也深知自己並沒有看見研究對象的全貌。即便我開始學習哈薩克語，以煮奶茶的方式介入哈薩克人的家務勞動關係，把自己從熟悉的地方挪動到陌生之處，體會不一樣的時間邏輯，並在移動過程中認識差異，我最終還是得回到某個地方去，爲作爲北京大學的研究生、作爲台灣人、作爲父親的女兒、作爲我自己而回去。研究他者和認識自己似乎是同軌的一場旅行，最終這趟旅程會帶你回到自己。

我的名言製造機導師曾經引用李維史陀的概念來調侃我：「我說梁瑜啊，你看你千里迢迢從台灣來，從台灣那一半面的月亮摔下來，摔到北京來，你想看見的究竟是什麼？」如果台灣是在月亮的這一面，那麼他所暗示的另一面，想必就是中國。將台灣和中國置於月亮的兩側，一側是能被光照、清楚示人的，另一面則是隱蔽起來，從亮處無法看見的。台灣和中國，不就恰好是這樣一種關係嗎？或者更廣泛地說，我們和他們，可能也帶有這種隱蔽與清晰的關係。我從月亮的這一面摔下來，一路滾到北京，再從北京連滾帶爬的去到別的地方，和這裡的人學習如何在黑暗中生活，接著我卻發現隱蔽的一處變成了我來的那一面。

起初我曾抱持雄心壯志，冀望自己能在這三年的求學期間，把這裡的一切都搞懂，弄清楚「爲什麼他們要這樣活」，三年過去了，我發現這眞是艱難無比的任務。從學著怎麼過生活而不是以旅人的姿態開始，我好像也被扯入了這個巨大的時代謎團中，最後我只能通過體察自己來觀照遠方。

我在第一章曾說過，田野像是一場很長的旅行，需要用生活來實踐。而我在中國的「生活」似乎被分成兩塊，一塊是在田野，另一塊是不在田野，但是即便在北京，日日不斷的刺激與不期而遇的衝擊仍舊在雕塑著我，在不在田野，做不做田野，好像也不是絕對的原因。

隔開彼此的，從來不只是照在月亮上使之一半隱蔽、一半敞亮的光束，還有或大或小或寬或窄的界線，這些邊界讓我們能區分自己和他人，給予自己一個名字，指出該排除的對象。人類學和其講究的田野工作教給我的是這樣一種道理，我們各自居住在月亮的半邊，在一次不經意或刻意的「誤入歧途」之後，看見另一面同樣明亮的景致。

「隔開我們的，基本上是我們的過去」，保羅．拉比諾（Paul Rabinow）在完成摩洛哥的田野工作，於其反思筆記中[6]這麼寫。我曾經對費孝通先生的「八字箴言」頗不以爲然，「各美其美，美人之美，

6《摩洛哥田野作業反思》，保羅．拉比諾著，商務印書館，二〇〇八年。

美美與共，天下大同」，總覺得這是一套被包裝過的大中華民族主義論述，以更大的歷史前提來模糊中台兩方的界線，以達到國家統一的政治企圖。後來多少有種「以小人之心度君子之腹」的羞愧感。促成人們互相交流和彼此了解的動力，從來就不會因爲國界或是現代國家這些後設的邊界產生阻礙，作爲台灣人，無論是文化意義上或是國家認同上的台灣人，我想我們更不能懼怕去超越、凌駕這種分隔，並在這個過程中重新看見自己，學習是什麼讓我們成爲了今天的自己，又是什麼使我們如此相異。

後記 人類學的成年禮

加娜和我說，她爲了排解做田野期間的苦悶，帶了一本《人類學家在田野》作爲心靈調劑，遭遇挫折困難時就拿來翻一翻，閱讀別人也曾有過的煩惱憂愁多少平衡一下自己正面臨的窘境。想想眞覺有道理，很後悔自己當初做田野帶去的淨是些理論書和地方誌，難怪越讀越憂鬱。後來，讀到了馬林諾夫斯基[1]遺孀整理、出版丈夫田野期間

1 Bronislaw Kasper Malinowski，1884 – 1942，波蘭人類學家，被視爲近代人類學田野工作方法與民族誌書寫的奠基者。

的日記《一本嚴格意義上的日記》，便決定再去做田野的話一定帶這本書。

以研究西太平洋庫拉環（Kula ring）著名，進而成爲人類學田野工作方法一代宗師的馬林諾夫斯基，在著作中百般強調深入田野工作是每一位人類學者不可少的責任，藉著與當地人同吃、同住、同勞動的生活體驗，趨近一種絕對意義上的「他者」，最後反求諸己。他在書中這樣說：

……我們可以進入野蠻人的意識裡，並通過他的眼睛觀察外面的世界，感受一下他的感受——但我們最後的目的是豐富和深化我們的世界觀，了解我們的本性，並使它在智慧上和藝術上更為細緻。若我們懷著敬意去真正了解其他人（即使是野蠻人）的基本觀點，我們無疑會拓展自己的眼光。如果我們不能擺脱我們生來便接受的風俗、信仰和偏見的束縛，我們便不可能最終達到蘇格拉底那樣認識自己的智慧。[2]

本著這樣高貴的學術情操和道德覺悟，馬林諾斯基所表彰的田野工作形式成了人類學者心中的麥加，更被視爲每一位人類學學生的成年禮——未經此磨練，便不得稱爲成熟的人類學者。然而在他的《一本嚴格意義上的日記》中所揭露的內容卻推翻了這整套論述，日記裡不僅以若干帶有歧視性、不尊重的詞句形容當地人，也不諱言自己對此地的不耐與偏見，甚至還有一些對當地女性的性幻想描述。此書甫出版便在學界掀起輿論狂浪，人類學與人類學家被批僞善，但也有聲

2 馬林諾斯基著，梁永佳、李邵明譯，西太平洋的航海者。北京：華夏出版社，二〇〇二。

音以學理角度捍衛這本書存在的價值。《一本嚴格意義上的日記》究竟是怎樣的日記？克利福德．格爾茨[3]的說法是：「暴露了馬林諾夫斯基在田野中『身心分離』的狀態……以及長達三年身在此處心在遠方家鄉的『人格分裂症』」。[4]但，這樣一本眞實到似乎過分了的日記，卻也說明了人類學者在面對異文化和田野時所遭遇的切實處境：人類學者帶著情懷和期待進入田野，同時也在田野中受到道德感和知識論的綑綁。」

至於我讀這本日記所受到的震撼，則並非對人類學大師或是田野工作的幻滅，彼時的我已經做過幾次田野，在北京也生活了一段時間，因此對遭遇「異文化」的挫折和沮喪頗有同感，並常以那些負面經驗和情感鞭策自己，懷疑是自己的能力不足才導致這麼多不如意事情發生。因此，《一本嚴格意義上的日記》對我來說，是一種救贖。

《沒什麼事是喝一碗奶茶不能解決的……》寫的也是日記。這本書取材最多的是我在北京生活的日記，和在田野期間所記錄的筆記。總和這些文字的樣貌狀似參差不齊，既非呈現線或面的分佈，且充滿日常生活的不確定感，一言以蔽之，就是散漫。相較之下，田野筆記會更紮實一些。在田野，每當一天結束，總要強迫自己好好寫下今天發生的大小雜事和思考，以便成爲未來撰寫論文的取材。我甚至曾希望藉由這些厚薄不一的生活經驗與材料，能寫出一本知識量驚人的

3 Clifford Geertz，1926-2006，美國文化人類學家

4 Clifford Geertz. "Under the Mosquito Net", in The New York Review of Books, Volume 9, Number 4 September 14, 1967.

書，但放眼台灣出版，寫中國、寫新疆的書並不少，如何脫穎而出呢？每每思考到此，我就當機了，然後會有一段時間不敢直視自己的文字。

寫《消失的老北京》的梅英東在一次訪問中說到，寫中國很難。許多美國讀者讀了他的書之後，很納悶地問他，那些無處不在、高壓集權的政府與人民之間的緊張關係，在書裡為什麼變得這麼清淡？為什麼你不談談法輪功？他的回答是，我不可能天天纏著人家問他們一些敏感的政治問題，也不會有人天天上門來專門和我談論這些。「我只是在寫我知道的事情，『法輪功』不是我的故事。」梅英東這麼說。他描寫的是最普遍的生活，沒有過多的壓迫色彩，不需要過度想像的他人生活。這正也映照了我的觀察角度。

在三年的時間裡，這個國家發生的許多事情也曾使我氣憤難平，有的甚至引起我強烈同情，這個失速的環境與無所不在的政府，一次次打擊我對美好社會的期待。我與新疆產生連結之後，這樣的經驗更是不減反多。在烏魯木齊，晚上與我共乘出租車的少數民族男性朋友，甫上車便被司機喝令坐到後座，前座與後座之間架著與囚車內部無異的封頂柵欄，我和朋友就這樣像牲口、罪犯一樣，隔著鐵欄杆望向擋風玻璃的前方。朋友悄聲對我說，由於擔心攻擊事件發生，晚上少數民族男性是不被允許坐在出租車前座。我不禁悲觀地想，方才無顧我們招手疾駛過去的出租車，有幾輛會是因爲朋友少數民族的臉孔？

我寫了親眼目睹的平淡故事，也難過於聽聞的負面經驗。一個群體、一個地方或者說一個國家，應該如何被敘述才足夠正確？我不知道，但始終相信這些瑣碎的故事有其存在的價值。

去中國上學以前，我和大部分台灣年輕人一樣，對中國可以說一無所知。這種無知並非字面上的意義，而是由於對表象的過度信任導致的整體迷失。所以，剛到北京，我會先注意到滿街鋪天蓋地的社會主義標語、符合我想像中的髒亂街景，以及被我寫進日記裡的北大宿舍沒有門的「落後」澡堂。我們必定都帶著某些特定的濾鏡觀看自己和外在社會，對某些地方與人群的濾鏡尤其深厚，例如台灣人看中國，內地人看新疆。「偏見地圖」有趣的地方就在於它揭露了無知的普遍性，在引起共鳴的同時，似乎也默許了偏見的持續發生。

然而學他們一樣過日子一段時間，面對北京、新疆乃至整個中國，我已經無法再有多麼精準或批判性的言論了。時間平等地在我們之間流逝，我和他們一起經歷的平淡日常，我覺得至爲珍貴。在北京，我以一個台灣人、絕對的外來者身份，向他們描述新疆最爲平凡不過的一切；回到台灣，我也試圖展示那些屬於中國的，被「狼性」、高壓、競爭，以及因失速火車般發展而引發社會崩潰底下的柔軟部分。

在我的成長過程中，總有一股力量隱隱約約壓迫著我的感知，它不斷地質問我：「你夠不夠像原住民？」又像與小惡魔對立的小天使一般自我開解著：「沒有人能定義你是誰，又該像誰」。認同障礙最使人痛苦的一點是，它使你無法摸清自己的輪廓，不敢磊落敞亮的宣稱你自己是誰。我一邊像個業餘的研究者一樣觀察著我所屬的群體，一邊學習和模仿使自己看起來更爲自然。

在我到新疆做田野之後，覺得自己「很不文明」的這種念頭不斷地發生。這種不文明感是來自於與穆斯林、遊牧文化的遭遇，我在受到這套陌生宇宙觀規訓的同時，發現自己只能以一種最爲蒼白普遍的「現代化知識」與之抗衡。偏偏這套知識是行不通的，科學與進步觀在幽遠流長又饒富趣味的民族知識面前如卵擊石。我開始羨慕起能以族語表達天氣狀況、地理位置的朋友，他們擁有一套不同於現代知識的宇宙觀，能看見我所看不見的。

在尋求異己的同時，我必然回到自己。

人類學於我是解決自己個人問題的學科。再沒有任何知識，能像人類學這樣同理那些因成長背景的結構和歷史所造成的傷口；也沒有其他學科方法如此鼓勵你承認己文化的侷限、正視異文化，或是民族知識的獨尊地位。人類學像是最經世濟民的一種學科，它將聰明又有抱負的研究者潑灑到不爲人知的角落，進行與該社會息息相關的研究，並且要求研究者進入之後勢必展現獨善其身的面貌。在寫作此書的過程中，我每每想著，究竟怎樣的期待、怎樣的背景的人會對我述說的故事有所共鳴？共鳴和同感很重要。我們都有自己的故事，也挾帶著過往的偏見，但共鳴和同感會讓我們能夠對話。而人類學強調的

「共感」，則不只是人群之間的彼此認識與理解，還有我在新疆經驗體會到的同理彼此的歷史。

去年（二〇一六年）我在網路平台「芭樂人類學」投稿，文章發表後被北京的師兄轉載到微信上，不只北京的師長同學表示喜愛，連在新疆認識的朋友都紛紛發來賀電，給予我太多太多熱情的鼓勵。我受寵若驚，甚至覺得太為過譽，不好意思再承認那篇文章是我寫的。回頭細細檢視朋友給予的回饋，發現他們無一不感動於「這樣一篇溫暖的文章是來自遙遠的台灣朋友所寫就的」，不僅是地理意義上的遙遠，更有文化之間不可化約的陌生。

文章底下有一則評論這麼說：「作為一個新疆人，我被你眞誠的記述所感動，能這般白描新疆不同文化背景的人群，可見你人類學者的素質。謝謝你做的事情，希望你從中找到快樂。新疆需要這樣的記述。」我感動於他對這件事情所寄託的祝福「希望你能從中找到快樂」，即便在田野期間、在中國求學的日子裡，我並不全然快樂，很多時候被憂鬱和沒自信綁架，也常在一些相對普世的標準下隱隱感到後悔。但，在學習謙卑和同理的過程中掙扎，接受知識的陶冶和洗煉，把自己從「自己」裡面拔除出來，不可諱言是快樂的。

人類學在此時又像是一門博愛的學科，展示著發生在這個世界不同人們的生命故事，串連起彼此無法相互控制的每具身體，搭建了相互看見的橋樑。不管哪一個時代、什麼歷史前提之下，都是我們生而爲人最珍貴的責任。

國家圖書館出版品預行編目(CIP)資料

沒什麼事是喝一碗奶茶不能解決的：我的人類學田野筆記 / 梁瑜著. -- 初版. -- 臺北市：大塊文化, 2017.05
面；　公分. -- (Mark ; 130)

ISBN 978-986-213-790-1(平裝)

541.3　　　　106004731

LOCUS

LOCUS

LOCUS

LOCUS